JOÃO CEZAR DE CASTRO ROCHA
[organização]

TUDO POR UM TRIZ

[CIVILIZAÇÃO OU BARBÁRIE]

VOLUME I

DREA ALMEIDA CAMPOS | BOAVENTURA DE SOUSA SANTOS | CESAR CALEJON | CLÁUDIO RIBEIRO | DANIEL NDURUKU | ELIANA ALVES CRUZ | EUGÊNIO BUCCI | EVANDO NASCIMENTO | JOSÉ MIGUEL WISNIK | LAWFARE NUNCA IS (ANDREA HAAS, CLEIDE MARTINS SILVA, EDUARDO MEIRELLES E SANDRA URECH) | LUCIA SANTAELLA | MARCELO DEIROS | MARIA JOSÉ SILVEIRA | MARCIA TIBURI | NINA SANTOS | PAULO EDUARDO ARANTES | RAQUEL RODRIGUES AGA | RENATO JANINE RIBEIRO | RICARDO ABRAMOVAY | THOMÁS ZICMAN DE BARROS | TIGANÁ SANTANA

KOTTER

Coordenação Editorial: Sálvio Nienkötter
Editor executivo: João Lucas Dusi
Editor adjunto: Daniel Osiecki / Claudecir de Oliveira Rocha
Capa: Jussara Salazar
Produção: Cristiane Nienkötter
Diagramação: Caroline Costa e Silva

Dados internacionais de catalogação na Publicação (CIP)
Angelica Ilaqua CRB-8/7057

Tudo por um triz : civilização ou barbárie : volume 1 / organização de João Cezar de Castro Rocha. - Curitiba : Kotter Editorial, 2022.
256 p.

ISBN 978-65-5361-129-0

1. Brasil - política e governo I. Rocha, João Cezar de Castro

22-4343 CDD 320

KOTTER EDITORIAL

Kotter Editorial
Rua das Cerejeiras, 194
82700-510 | Curitiba - PR
+55 41 3585-5161
www.kotter.com.br | contato@kotter.com.br

Feito o depósito legal
1ª edição
2022

No calor da hora: um livro-ágora

João Cezar de Castro Rocha[1]

Tudo por um triz [*Civilização ou Barbárie*] é um livro-manifesto, preparado no calor da hora, num momento decisivo para a história brasileira. A distopia de Ignácio de Loyola Brandão, obra fundamental da literatura brasileira contemporânea, *Não verás país nenhum* (1981), ameaça tornar-se realidade num Brasil convulsionado pela retórica do ódio e empobrecido pela depredação sistemática de suas riquezas. Os depoimentos aqui coligidos encenam a ágora possível na terra em transe em que se converteu o espaço público nos tristes trópicos em tempos da barbárie implícita nas políticas do governo Bolsonaro.

(Barbárie: este é um livro-ágora, sempre disposto ao diálogo, mas sem receio de declarar seu lado: a defesa incondicional da democracia, seriamente ameaçada pelo projeto autoritário da extrema direita bolsonarista.)

Em 1945, veio à luz *Plataforma da nova geração*, um livro fundamental, autêntico instantâneo da cultura brasileira no momento em que ganhava corpo a luta pela redemocratização do país. Seu organizador, Mário Neme, publicou uma série de depoimentos no *Estado de S. Paulo* de "meados de 1943 a princípios

1 Professor Titular de Literatura Comparada da UERJ e Pesquisador do CNPq. Autor de 13 livros e organizador de 31 títulos. Seu trabalho já foi traduzido para o espanhol, mandarim, alemão, italiano, francês e inglês.

de 1944, participando quase trinta escritores".[2] Quadra delicada: a contradição política de Getúlio Vargas começava a implodir seu governo. Em agosto de 1942, o Brasil declarou guerra à Alemanha e à Itália. Criada em 1943, a presença efetiva da Força Expedicionária Brasileira na Europa principiou em julho de 1944, quando as primeiras tropas brasileiras da FEB chegaram à Itália, unindo-se ao esforço de guerra contra o nazifascismo. Ao mesmo tempo, no Brasil, Getúlio comandava a ditadura do Estado Novo, marcada pela repressão metódica e pela brutalidade das torturas, dirigidas por Filinto Müller, um simpatizante do nazismo.

Contradição presente nos depoimentos coligidos por Mário Neme, muito embora a vigência da ditadura do Estado Novo obrigasse a malabarismos verbais e a formas indiretas de denunciar o autoritarismo que sufocava a cultura no Brasil. Nas palavras do organizador do volume, em cada entrevista transparecia "(...) um verdadeiro pronunciamento, uma espécie de definição dos princípios, das ideias e dos pontos de vista pelos quais se batem e se norteiam os moços escritores brasileiros, num momento da História em que quase todos os povos do mundo se debatem numa luta decisiva".[3]

O avanço do nazifascismo nas décadas de 1930 e 1940 levou não somente à eclosão da Segunda Guerra Mundial, como também encareceu a necessidade de assumir uma posição diante de horizonte tão grave. Não é acidente que, nesse contexto, o existencialismo de Jean-Paul Sartre tenha destacado o tema da responsabilidade como o inescapável dilema associado à liberdade humana. De igual modo, e constrangido por idêntica atmosfera, Carlos Drummond de Andrade imaginou versos sempre evocados:

> Este é tempo de partido,
> tempo de homens partidos.

---

2 Mário Neme. *Plataforma da nova geração*. Porto Alegre: Livraria do Globo, 1945, p. 7.

3 Idem.

(...) Calo-me, espero, decifro.
As coisas talvez melhorem.
São tão fortes as coisas![4]

Numa constelação tão dramática, a isenção é sempre o pior partido que se pode tomar – o mais cômodo, mas ao mesmo tempo o fardo maior que será carregado por muito tempo. E se as analogias históricas exigem sensibilidade para que o anacronismo não se transforme em pura farsa, o olhar comparativo se impõe para um entendimento mais complexo da história contemporânea.

As décadas iniciais do século XXI assistem a um fenômeno desconcertante: em todo o mundo, a extrema direita chega ao poder político por meio de eleições livres e democráticas. Isto é, pelo menos o primeiro pleito pode ser assim caracterizado, pois, tão pronto se assenhoram do Poder Executivo, os representantes da extrema direita lançam malhas autoritárias, especialmente no Poder Judiciário, que corroem a democracia desde o interior de suas instituições. Eis *como as democracias morrem* na era do universo digital e no império das redes sociais – instrumentos por definição dos discursos extremistas e da retórica do ódio. Se "a ascensão de Trump representa um desafio para a democracia global",[5] a extrema direita transnacional aposta todas as suas fichas na reeleição de Jair Messias Bolsonaro.

O mais inquietante: a extrema direita aprendeu a conquistar corações e mentes, sobretudo pelo emprego astucioso das plataformas digitais. Nesse panorama, as palavras de Antonio Candido cobram inesperada atualidade:

---

4 Carlos Drummond de Andrade. "Nosso tempo". *In*: *A rosa do povo*. Poesia e prosa. Rio de Janeiro: Editora Nova Aguilar, 1988, p. 102. Na última estrofe do poema, o tema da responsabilidade vem à tona: "O poeta/ declina de toda responsabilidade/ na marcha do mundo capitalista/ e com suas palavras, intuições, símbolos e outras armas/ promete ajudar/ a destruí-lo/ como uma pedreira, uma floresta/ um verme". *Ibidem*, p. 107.

5 Steven Levitsky & Daniel Ziblatt. *Como as democracias morrem*. Rio de Janeiro, Zahar, 2018, p. 195.

> Nos domínios da inteligência, Mário Neme, a Reação assume os aspectos os mais díspares e mais cavilosos. Se insinua por todo o canto. E, num trabalho monumental de obstrução, – tanto mais monumental quando exercido inconscientemente por muitos intelectuais – breca em todas as curvas a expansão do progresso humano e da inteligência livre.
> Não nos compete, evidentemente, assumir uma cor política qualquer e descer à rua, clamando por ação direta. Cada um com as suas armas. A nossa é essa: esclarecer o pensamento e pôr ordem nas ideias.
> E, para quem quiser olhar um pouco em torno de si, as tarefas não faltam.[6]

Pôr ordem nas ideias, isto é, reconciliar as palavras e as coisas: o governo Bolsonaro é a própria metonímia da Reação; sua visão de mundo é de extrema direita; seu projeto político é autoritário e pretende perpetuar-se no poder, a fim de permanecer impune por seus muitos crimes de responsabilidade; sua linguagem é a retórica do ódio, cujo desejo é a eliminação de tudo que não seja espelho, numa recusa paranoica da alteridade; a guerra cultural define sua aversão à cultura, à ciência, à tecnologia, em suma, à Vida; por isso, seu projeto é uma autêntica arquitetura da destruição.

As coisas são fortes, o poeta acertou no alvo, mas não esqueçamos da ressalva: decifrar enigmas é a forma clássica de não ser devorado pela Esfinge.

(De fato, tudo se encontra por um triz.)

---

6 Antonio Candido de Mello e Souza. *In*: Mário Neme. *Plataforma da nova geração.* Porto Alegre: Livraria do Globo, 1945, p. 37.

***

Tudo por um triz [*Civilização ou Barbárie*] inspirou-se num projeto prévio; trata-se, assim, de um livro-emulação. Em fevereiro deste ano publicou-se uma importante reunião de entrevistas, *Las elecciones que pueden cambiar la historia de Colombia*.[7] Onze personalidades do campo progressista colombiano foram convocadas a refletir sobre a centralidade do pleito que se aproximava.[8] No dia 29 de maio ocorreu o primeiro turno das eleições presidenciais e dois candidatos passaram ao turno decisivo: Gustavo Petro, candidato da esquerda democrática, e Rodolfo Hernández, representante da extrema direita, cuja campanha teve como principal motor o emprego sistemático das redes sociais. No dia 19 de junho conheceu-se o novo presidente: Petro foi eleito com 50,44% dos votos, enquanto Hernández obteve 47,31% de apoio. Disputa acirrada, como se vê, e na qual livros como *Las elecciones que pueden cambiar la historia de Colombia* ajudaram na formação de pensamento crítico, sem o qual a ameaça da extrema direita transnacional não será superada, pois permanecerá incompreendida.

Tudo por um triz pretende exercer impacto similar no agônico cenário brasileiro, obedecendo a uma temporalidade bifronte.

De um lado, no plano do aqui e agora, trata-se de refletir sobre o real significado de outubro de 2022, tanto para o futuro de uma possível Nação-Brasil quanto para a sobrevivência da democracia, que se revelou mais frágil do que pensávamos. Desse modo, há uma

7 Alfonso Carvajal Rueda (org,). *Las elecciones que pueden cambiar la historia de Colombia*. Bogotá: Controversia Editorial, 2022.

8 A quarta capa do livro descreve o projeto: "Los once protagonistas de este libro, mujeres y hombres con trayectorias públicas progresistas y visiones democráticas sobre la transformación urgente de Colombia, abordan con agudeza desde sus disciplinas académicas y campos de pensamiento, los desafíos y las dinámicas de la actual coyuntura electoral que enfrentan las fuerzas del cambio del país y proponen alternativas razonables para superar las profundas fracturas sociales heredadas del modelo neoliberal establecido desde hace más de dos décadas de esta nación".

pergunta que foi respondida por todos: "Como analisa a importância das eleições em outubro de 2022 para o futuro do Brasil?". De outro lado, no plano do futuro próximo, as autoras e os autores também se afastam do imediatismo e projetam, em suas respectivas áreas de especialização, possíveis projetos de país. Como reconstruir o Brasil? Cada personalidade convidada também respondeu a duas perguntas relacionadas a seu trabalho, esboçando modelos para uma sociedade alternativa à barbárie neoliberal.

Tudo por um triz reúne, em dois volumes, 42 destacados nomes da cultura brasileira, que generosamente aceitaram o desafio de pensar o aqui e agora, na urgência de uma pólis em processo entrópico. Daí a decisão de publicar este livro em dois volumes, em virtude do volume das valiosas colaborações. O mais importante: um impulso comum associa todos os textos, ou seja, o desejo de imaginar uma Nação fraterna e solidária, na qual a retórica do ódio e o desprezo pelo outro sejam substituídos pela ética do diálogo e pelo amor ao próximo. [9]

9 Um agradecimento especial é devido ao economista Octavio de Barros, fundador da República do Amanhã, pela generosidade com que colaborou para a realização de um projeto que parecia impossível.

Sumário

Andrea Almeida Campos

[Advogada, professora de direito (Universidade Católica de Pernambuco) e pesquisadora em estudos de gênero e direitos humanos. Coordenou o Núcleo de Estudos de Gênero da Cátedra UNESCO/Dom Hélder Câmara de Direitos Humanos, da qual é atual Conselheira. Cursou Máster em Criminologia na Universidade Autônoma de Barcelona-Espanha, Mestrado em Políticas Públicas no MDU-UFPE e Doutorado em Psicologia Clínica na Universidade Católica de Pernambuco. Autora de 10 livros, dentre ensaios, contos e poesia. Coautora do *Manual Jurídico Feminista* (Ed. Letramento); *Mulheres, do que estamos falando?* (Instituto Humanitas) e *Dicionário dos Feminismos* (Ed. Luas, no prelo). Sua Tese de Doutorado será publicada este ano pela Juruá Editora.]

1 A guerra cultural e a base evangélica ditaram o ritmo do governo Bolsonaro na questão dos direitos reprodutivos e na concepção do conceito de família. Os retrocessos são palpáveis. Poderia identificar as mais importantes mudanças na legislação relativa ao tema? Quais pontos deveriam ser revistos numa reconstrução do país?

Apesar de ser um conceito contemporaneamente forjado, guerras culturais permeiam a experiência civilizacional humana desde os seus primórdios. Não é diverso no processo histórico brasileiro, no qual a sociedade assim como as subjetividades nela engendradas têm se constituído em meio a movimentos dialéticos que não apenas se opõem continuamente, mas se infiltram uns nos outros, moldando os sujeitos e o espaço social. Por sua vez, a religião ou as religiões também são um fenômeno cultural que integram a narrativa existencial humana desde tempos pré-civilizacionais, moldando, fundamentalmente, os conceitos do que é o próprio ser humano, o seu modo de reproduzir-se e de organizar esta reprodução dentro ou fora do que veio a ser denominado de família, principalmente, a partir das práticas romanas.

É em Roma que se ergue o conceito de família tal como conhecemos e adotamos hoje e cujo objetivo precípuo é manter-se e reproduzir-se a si própria. E esse esforço se deve ao fato de que esse organismo social tal como concebido pelos romanos surge concomitantemente à consolidação do instituto da propriedade privada na ordem jurídica. A religião nessa cultura, sobre a qual até hoje se baseia a nossa, tem por condão alimentar a permanência e a reprodução da família e das riquezas por ela gerada através dos cultos familiares. Sendo que o culto familiar, ou seja, a religião familiar confundia-se com o próprio conceito de família: não haveria o que se falar de família sem o seu culto religioso.

Para que esse modelo prosperasse na antiguidade e prospere na contemporaneidade, sobretudo nas sociedades que adotam o modelo econômico capitalista, mister que todo o seu arcabouço institucional se constitua sobre uma ética e uma moralidade que não tergiversem de sua finalidade imperativa: a manutenção da propriedade privada. E se é propriedade "privada", o seu espaço de reprodução é na família, acompanhando a reprodução de seus integrantes. A constituição de prole, então, é indispensável dentro dessa lógica de manutenção e extensão de patrimônio.

Dito isto, fica claro, que o modo como o atual Governo Bolsonaro trata os temas referentes à reprodução humana e aos direitos a ela referentes, assim como concebe a família, apenas perpetua as bases de uma organização social clássica estabelecida pelo sistema patriarcal, qual seja, família, propriedade e religião, todos sob a titularidade de um chefe que faça prevalecer os seus interesses. Até aí não há nada de novo sob o sol. O cristianismo em boa medida, alicerçou-se em valores e diretrizes que já eram caras à cultura greco-romana, expandindo-a. A família deixaria de ser apenas aquela sob o domínio doméstico e estender-se-ia à família cristã, aos milhares de fiéis que haveriam de se tratar como "irmãos".

O que marca o atual Governo não é o fato de ser "pró-família" ou "pró-religião" ou "pró-vida", mas sim o fato de instrumentalizar esses conceitos de modo perverso a fim de realizar um projeto que diz muito mais respeito a um modelo econômico neoliberal e predatório do que que a um modelo moral. Família, religião e mesmo a vida humana pouco importam ao atual governo que se locupleta dos valores atrelados a esses conceitos, instrumentalizando milhares de despossuídos, e outros nem tanto, que têm na fé em suas Igrejas os seus pontos de apoio existencial, manietando-os de modo a atender a um projeto neoliberal na economia e autoritário na política.

O fenômeno através do qual as Igrejas Evangélicas se fortaleceram em âmbito global, e se fizeram atores centrais na política, acompanhou os processos de crise econômica do modelo dos Estados de Bem-Estar Social e das democracias, e sobretudo dos fracassos experimentados pela globalização. O Governo Bolsonaro propondo-se a fazer frente a um mundo global e multilateral que não ofereceu o que prometia, esposou-se nos valores referentes à família tradicional e à proteção da propriedade privada, cultivados arraigadamente pelos evangélicos, a fim de capitanear a sua cruzada que nunca foi religiosa e de proteção à família como comunidade de suporte e afeto, mas sim político-autoritária e econômica neoliberal.

Para preservar esses valores da família tradicional, a fim de se atingir os fins políticos e econômicos coligidos, foi declarada guerra pelos integrantes do atual governo, seus apoiadores e, fortemente, por sua base evangélica, a toda e qualquer prática que pudesse colocar em risco a supremacia da família heteronormativa e prolífica, aquela que sustenta mais eficazmente a reprodução do capital neoliberal. No exercício de um biopoder, campanhas reiteradas em nome da manutenção da vida de nascituros, paradoxalmente, têm por efeito perverso, sustentar práticas mortíferas que vitimizam, não apenas mulheres, mas também crianças. Crianças vítimas de estupro que engravidam e são obstaculizadas em exercerem os seus direitos de interromperem as gestações. Em nome da prevalência de um regime de forças políticas, mascarado por uma propalada ideologia de manutenção da vida do que sequer ainda é uma pessoa, tanto biologicamente, quanto juridicamente, coloca-se a vida de uma criança já nascida em risco.

A fim de legalizar esse ideário, direitos já consolidados, como aquele do abortamento para os casos de gravidez resultante de violência sexual, passam a ser combatidos. Direito este que foi positivado no Código Penal de 1940, portanto em uma Lei que foi decretada durante um estado de exceção, o Estado Novo varguista. Mas que ainda que tenha sido publicada durante um estado totalitário, assegura o que o atual governo, que se arvora por democrático, visa cassar.

Em seus quatro anos, o Governo Bolsonaro ainda que tenha ferozmente tentado abolir o direito ao abortamento mesmo em casos de gravidez por estupro, ainda não o conseguiu. Mas já prosperou em enodoar corações e mentes, sustentando práticas de integrantes do Poder Judiciário e da área médica que passaram, correntemente, a dissuadir que crianças violentadas extirpassem de seus ventres o fruto dessas violências.

O Brasil é um país, historicamente, reconhecido na arena internacional por seu protagonismo em Conferências como a do Cairo em 1994 quando os direitos reprodutivos de mulheres e crianças foram globalmente assegurados por uma Convenção Internacional. No entanto, o Governo Bolsonaro, ao considerar a agenda dessa Convenção "abortiva", retirou-se em dezembro de 2019 do Programa de Ação do Cairo, cujas principais metas são a prevenção da mortalidade materna e o pleno acesso a serviços de saúde reprodutiva. Já em 2020, em nome de uma propalada "defesa da família tradicional e da vida", o Estado brasileiro assinou a Declaração de Genebra que proíbe a prática de abortamento em toda e qualquer circunstância, inclusive em casos de gravidez resultante de estupro. No entanto, a assinatura dessa Declaração, que não tem força de tratado internacional, está em total desacordo com a ordem jurídica nacional.

Logo, ao azeitar o impacto do conservadorismo religioso, através de suas bases evangélicas, nas políticas de Estado, de modo a viabilizar uma agenda neoliberal e autoritária, são ameaçados os direitos reprodutivos há quase um século conquistados. Aniquilam-se vidas e sacrifica-se o que de experiências-limite pode restar de humanidade.

Em nome da vida e de sua irreprodutibilidade, o Governo Bolsonaro urge ser abortado.

2 Em sua Tese de Doutorado, *Genealogia da noção de estupro no Brasil: Normatividade e processos de subjetivação* (2021)[1], há um estudo de caso que revelou impasses criados pelo governo Bolsonaro em questões previstas por lei de autorização de aborto em caso de estupro, especialmente no caso de crianças vítimas de agressão sexual. Poderia compartilhar suas pesquisas?

A minha Tese de Doutorado trata do embate de forças que desde inícios do projeto colonizatório brasileiro estiveram em jogo no que tange ao engendramento da noção jurídica de estupro tanto na ordem legal, quanto nos processos de subjetivação levados a cabo no decorrer da história do Brasil. Esses processos de subjetivação são concernentes a uma hermenêutica do sujeito através da qual ele se percebe ou não tanto como estuprador quanto como estuprado, assim como identifica determinadas práticas como sendo ou não de violências sexuais. Apliquei o método genealógico, tal como desenvolvido por Michel Foucault. A Tese foi, então, dividida em duas partes. Os cinco primeiros capítulos tratam da genealogia do Poder, na qual os movimentos políticos, dentre eles os movimentos feministas, as rupturas institucionais, jurídicas e os adventos econômicos e científicos contribuíram para a concepção dessa noção. Na segunda parte, realizei uma genealogia do sujeito. Uma vez que, ao realizar a descrição genealógica, toda a Tese é atravessada pelo conceito de experiência, também na acepção foucauldiana, qual seja, aquela na qual a experiência consiste em três eixos, vale dizer, a

1 Andrea Almeida Campos. *Genealogia da noção de estupro no Brasil: Normatividade e processos de subjetivação.* Tese de Doutorado. Programa de Pós-graduação em Psicologia Clínica. Universidade Católica de Pernambuco. 2021.

normatividade, os saberes e a subjetivação, nos primeiros capítulos, a hermenêutica do sujeito no que diz respeito à noção de estupro, também, está presente, mas é no estudo de caso que ela se torna mais evidente.

O estudo de caso analisado foi o fatídico episódio que vitimou a criança de 10 anos de idade no estado do Espírito Santo no ano de 2020 e que ocupou, diuturnamente, as manchetes dos principais meios midiáticos do país. O fato em si foi estarrecedor, tenebroso, mas o modo como as instituições responderam às demandas da menina e de sua família em torno de direitos que lhes eram e são assegurados, revelou o quanto a sociedade e o Estado Democrático de Direito, compreendido tanto pelas leis ordinárias, quanto pela ordem constitucional, sobretudo naquilo que diz respeito aos direitos fundamentais, estavam vulnerabilizados. Sendo imperioso salientar que não apenas na órbita jurídica a criança enfrentou resistências e óbices para que os seus direitos fossem satisfeitos, mas, também, nas áreas médica e psicológica, houve ações e omissões que não apenas comprometeram uma oportuna interrupção do ciclo das violências sofridas pela criança, evitando-se, assim, que ocorresse a gravidez, como, por vezes, traduziram-se em violências efetivas contra a menor. A partir desse estado de coisas, das pesquisas encetadas, pôde-se inferir que a manutenção da organização familiar a todo e qualquer custo tal como prescreve, ideologicamente, o atual Governo, através da invisibilidade e do silenciamento de agressões, mormente a de cunho sexual que porventura um de seus integrantes esteja sofrendo, sobrepõe-se tanto à sua dignidade humana, quanto ao seu direito à vida. Assim como evidenciou-se que essa postura governamental, nos casos que vêm à tona, é, de modo contumaz e significativo, acompanhada por seus apoiadores, sobretudo nas hipóteses nas quais as vítimas sejam do sexo feminino e, mais ainda, meninas, de reverberada desqualificação e difamação das mesmas, além da perversa reversão da culpa do estuprador para a estuprada.

Aqui não se pretende afirmar, muito menos sustentar, que

violações institucionais aos direitos de mulheres e meninas, vítimas de violência sexual intrafamiliar, apenas ocorreram durante o atual Governo. De modo algum. Mas que, a partir das pesquisas que realizei para Tese de Doutorado, pude auferir que, desde a Ordem Jurídica do Brasil Colônia, passando pela Monarquia, chegando à República e seus regimes ditatoriais e democráticos, a criança cujo estupro resultou em uma gravidez nunca foi tão ou mais detratada que o próprio estuprador, dentro e fora das instituições estabelecidas, do que durante o atual Governo. E tudo em nome da família e da defesa da vida.

A menina que sofrera estupros contínuos e reiterados por parte de seu tio, dos seis aos dez anos de idade, tinha, por todo esse tempo, a sua família sendo acompanhada pelo Centro de Referência Social (CRAS) da Prefeitura do município de São Mateus. De acordo com os assistentes sociais e psicólogos deste CRAS, tratava-se de família harmonizada e participativa nas atividades do CRAS, sem que houvesse quaisquer indícios de que a criança estivesse sendo vítima de assaltos sexuais. Indaga-se: não havia quaisquer indícios ou os profissionais, no afã de salvaguardarem e não perturbarem a imagem da família, recusaram-se, mesmo que inconscientemente, a levar em consideração quaisquer sintomas ou comportamentos, porventura apresentados pela criança? Foi um simples erro de avaliação? Uma vez não tendo sido interrompido o ciclo das violências sexuais, deu-se o real visível da gravidez e, uma vez grávida, a criança se fez apresentar junto à sua avó diante do sistema de justiça a fim de fazer o abortamento legal, direito que lhe é assegurado pelo Código Penal Brasileiro em vigor, decretado em 1940.

A persecução penal referente aos crimes sexuais tramita em segredo de justiça, sendo que os abortamentos por crimes de estupro, dispensam a prévia comunicação à autoridade policial ou decisão judicial, podendo cingirem-se ao âmbito do sistema de saúde. Tais práticas previstas e determinadas por Lei, têm por condão, preservar a integridade psicológica já tão aviltada das vítimas e resguardarem as suas privacidades a fim de que, embora com sequelas de difícil superação, possam retomar as suas vidas sem a exposição pública de suas tragédias pessoais. Esse *desideratum* normativo, no entanto, foi frustrado pelo ímpeto daquela que se diz "terrivelmente evangélica", a então Ministra da Mulher, da Família e dos Direitos Humanos do Governo Bolsonaro, Damares Alves.

Uma vez noticiada do caso que já pululava nas mídias oficiais e extraoficiais, enviou ao Espírito Santo emissários para que acompanhassem *in locu* o caso da criança estuprada e engravidada. Essa iniciativa gerou constrangimento aos profissionais do direito que, por atribuição, estavam encarregados do deslinde do fato. Até porque o objetivo da Ministra não era o de dar celeridade aos trâmites, a fim de que os direitos e a saúde física da criança fossem protegidos, muito pelo contrário. O intento era o de obstaculizar que um direito consagrado há oitenta anos pela Ordem Penal brasileira fosse efetivado, evitando-se que fosse interrompida a gravidez, o que poderia, inclusive, causar graves danos à saúde física da menina.

O gesto inaugurou um estado de terror na pequena cidade de São Mateus, dificultando que tanto os agentes da esfera judicial quanto os agentes médicos prosperassem na realização de suas funções. Foi quando, no esteio do propósito da Ministra, negou-se a realização do procedimento médico referente ao abortamento legal pelo sistema de saúde pública do Espírito Santo, com a justificativa de que o mesmo carecia de condições técnicas para levá-lo a cabo.

Esta negativa ensejou que a criança acompanhada da avó e, determinada a extirpar de seu pequenino útero o resultado da multiplicada violência, viajasse para a cidade do Recife, estado de Pernambuco, onde seria transportada ao CISAM (Centro Integrado de Saúde Amaury de Medeiros), um hospital universitário de referência, no qual a sua agonia seria estancada.

Mas, se a Ministra bolsonarista não havia logrado o seu intento de impedir o abortamento legal, os seus apoiadores em fúria imparável, levariam esse projeto às últimas consequências, extrapolando os limites legais. Foi o que fez de modo a manter o nome da criança, a ativista de extrema direita Sara Geromini, vulgo Sara Winter. Ela não apenas divulgou nas redes digitais o nome do hospital no qual o procedimento seria executado, como revelou com todas as letras o nome da própria criança. Sua atitude mobilizou grupos evangélicos, de extrema direita e simpatizantes do Governo Bolsonaro a rumarem ao hospital e a formarem uma turba insana a xingar não somente os médicos, mas a criança violentada, de assassina. Como consequência desses despautérios, a criança, além de ter que chegar ao hospital escondida na mala de um carro, saiu de lá com o seu nome assassinado, tendo que, além de mudar de endereço, adquirir uma nova identidade.

Em junho de 2022, portanto, posteriormente às pesquisas feitas para a minha Tese de Doutorado, o Ministério da Saúde do Governo Bolsonaro publicou uma Cartilha para ser distribuída entre os profissionais da saúde, na qual se afirma que não existe aborto legal no Brasil, mas sim aborto, que é sempre, em qualquer circunstância, um crime, com excludente de ilicitude. Como tudo que está péssimo pode ficar ainda pior, o texto acrescenta que "o móvel do legislador não foi nada nobre" por ter excluído a punibilidade de quem pratica o aborto em virtude de ter sofrido uma violência sexual. Em uma afirmação francamente misógina, e em desconformidade com toda a literatura penal, mesmo a que tem por autoria os penalistas mais conservadores, o Ministério da Saúde de Bolsonaro sustenta que o legislador de 1940 permitiu a interrupção da gravidez em decorrência do estupro, não por respeito à mulher violentada, mas para não possibilitar a perpetuação de uma descendência criminosa. Espúria, é o mínimo de como se pode qualificar essa "Cartilha".

Em nome da família e da defesa da vida, altos valores que não passam de máscaras para o seu projeto autoritário de poder e predatório na economia, o governo Bolsonaro envida descumprir com a própria ordem jurídica estabelecida, desestabilizando-a. No seu afã, ao tripudiar sobre os direitos de meninas estupradas, faz sangrar infâncias e assassinar nomes, deixando atrás de si um rastro de almas despedaçadas.

3 Como analisa a importância das eleições em outubro de 2022 para o futuro do Brasil?

O Estado Brasileiro foi e continua a ser construído em meio a contradições, rupturas, descontinuidades e dificuldades de organização. A sua morfologia é inquinada por erros e acertos herdados da cultura europeia que o forjou, qual seja, a cultura ibérica. Nela, o culto à personalidade, à autoridade e aos valores individuais, tal como nos informa Sérgio Buarque de Holanda em sua obra de referência *Raízes do Brasil*, compromete projetos de coesão social e de ação coletiva. E foi com o espírito timbrado de personalismo que foi inaugurada a República nacional, através de um Golpe Militar. Golpe este seguido por um outro golpe promovido pelo Vice-Presidente Floriano Peixoto.

Diante da renúncia do primeiro Presidente republicano, o Marechal Deodoro da Fonseca, com menos de um ano de governo, de acordo com a prescrição constitucional, novas eleições deveriam ser realizadas. Uma vez tendo sido empossado Presidente da República, Floriano Peixoto recusou-se a convocar novas eleições, tal como prescrevia a carta constitucional, argumentando que o escrutínio somente tomaria lugar em se tratando de mandatários eleitos diretamente pelo povo. O golpe, no entanto, não teve o apoio absoluto das armas, tendo sido publicado, em 1892, o chamado *Manifesto dos 13 Generais* com o escopo de contestar a legitimidade de seu governo e exigir a abertura do processo eleitoral para a Presidência da República, no que foram frustrados.

Conhecido com a alcunha de "Marechal de Ferro", Floriano Peixoto foi um irascível ditador, havendo demitido todos os Governadores que haviam prestado apoio ao seu antecessor, o Marechal Deodoro da Fonseca. Foi implacável com os seus opositores, havendo decretado Estado de Sítio em 1892 e controlado com chantagens e ameaças os Ministros do Supremo Tribunal Federal. Ao movimento que sustentava as suas bases de apoio e cultuava a sua personalidade, dava-se o nome de "Florianismo".

Levanto essa memória em nossa historiografia para sustentar a hipótese de que o atual governo Bolsonaro, mais do que os militares que dirigiram o país durante a Ditadura Militar, também inaugurada por um Golpe e que se manteve no poder no país por vinte e um sombrios anos, espelha-se em seu colega de Armas, o Marechal Floriano Peixoto. Em ambos, constante ameaça à estabilidade institucional e às garantias individuais, assim como o desrespeito aos demais poderes constituídos, frisando-se que, em todas essas práticas, Floriano Peixoto foi, até agora, melhor sucedido, deram a tônica de governos presidenciais que se pretendem salvacionistas e messiânicos e, para tanto, centralizadores e autoritários.

Vencido o regime monárquico centralizador e passados mais de um século da experiência republicana, exatos 132 anos, o autoritarismo, o narcisismo e o personalismo são ameaças constantes à consolidação do Estado Democrático de Direito. E esta ameaça reside em marcas que povoam a formação brasileira tanto em seus aspectos objetivos quanto em suas subjetividades. O caráter narcísico atrelado a uma cultura individualista, em detrimento da valorização da coletividade, gera um círculo vicioso que propicia as condições de possibilidade para que perfis como os de Jair Messias Bolsonaro eclodam na malha política e prevaleçam até que o esgarçamento institucional provocado desafie a manutenção e a continuidade do pacto social instituído. Como, então, romper com esse eterno retorno e virar a bússola da Nação em direção a um futuro que se emancipe desta entropia e encontre uma nova forma de organização?

Após a sua primeira viagem ao Brasil entre os anos de 1940 e 1941, o escritor austríaco Stefan Zweig, mesmerizado com a paisagem humana e natural desse país que para ele não eram em nada os tristes trópicos, magistralmente narrados por Claude-Lévi-Strauss, reuniu as suas anotações de viagem junto à sua companheira Lotte e escreveu o decantado ensaio *Brasil, país do futuro.* Enquanto a Europa se banhava em sangue e o antissemitismo ensaiava a sua maior catástrofe na história, Zweig enxergava no Brasil o lugar da redenção não apenas civilizacional, mas da condição humana. Em seu entusiasmo chegou a convidar Sigmund Freud para viver junto a ele e Lotte nestas terras que seriam a verdadeira Canaã e na qual, posteriormente, escolheu para se suicidar, desiludido com o mundo, aconchegado à sua esposa. Se o livro de Stefan Zweig, nos dias atuais, não frequenta as listas de best-sellers, o título dado a ele tatuou o imaginário nacional, condenando-o a um eterno devenir, a uma condição permanente de promessa. Sim, o Brasil é o país do futuro e só do futuro, porque ainda não conseguiu conformar uma Nação em seu presente e, mais dificilmente o conseguirá se não romper com as insígnias do autoritarismo e das violências dele decorrentes. Autoritarismo que, inclusive, era o regime em vigor quando da vinda de Stefan Zweig ao que ele chamou de "paraíso", o Estado Novo varguista. Regime totalitário que flertava com o nazifascismo.

Se Sigmund Freud declinou do convite de seu amigo Zweig para viver no Brasil, a sua teoria pode nos ajudar a compreender o país e os seus sintomas, e de modo mais específico, o momento atual, a fim de que possamos superar as suas iniquidades. Falo de sua abordagem sobre a barbárie e as arbitrariedades do chefe da horda em *Totem e Tabu*, da função do amor em unir um número considerável de pessoas que levam à civilização no *Mal-Estar na Civilização* e na elaboração de seu conceito de pulsão de morte no *Além do Princípio de Prazer.* Os discursos e as práticas no atual governo capitaneado por Jair Bolsonaro, não apenas são eivados de violência, como também produzem violência. Essa violência rompe com toda e qualquer possibilidade de um projeto civilizacional sendo, portanto, na teoria freudiana, a sua antítese. Contudo, a violência, assim como o amor, tem uma função, qual seja, a de aniquilar não apenas o outro, mas todas as formas de mediação, já que para que a sua eclosão se dê é necessária a irrupção de um excesso sem freios e mediações psíquicas, o que os lacanianos chamam de excesso de gozo. O governo Bolsonaro, através de práticas de violência, pretende anular as mediações institucionais, de modo a concentrar em si todo o Poder e desmontar o aparelho estatal democrático. Uma vez que o trabalho psíquico gere ódios, isto é, para que uma cultura de ódios seja inflamada é muito inferior do que o trabalho psíquico que gera e desperta a alteridade, a empatia e o amor, basta uma fagulha para incendiar milhares de pessoas predispostas a "gozarem o gozo fácil" da barbárie. Do mesmo modo, pode-se dizer o mesmo sobre a pulsão de morte, essa tão reiteradamente mobilizada durante a atual gestão presidencial. Em todas as áreas, quer seja na saúde, na educação, na justiça, no meio ambiente, na segurança pública e, até mesmo, na economia.

A importância das eleições presidenciais de outubro de 2022, reside, portanto, não apenas na escolha de um nome para a Presidência da República. Reside na escolha entre nos emanciparmos ou continuarmos integrando uma cultura individualista e autoritária que desconhece que uma associação e laços de solidariedade podem ser mais fortes do que um indivíduo. Uma cultura da arbitrariedade que possibilita a erupção de florianismos e bolsonarismos. Reside na escolha entre as práticas, sem mediações, da violência, muito mais fáceis, tanto no aparelho estatal quanto no aparelho psíquico e que desmontam as instituições, ou as práticas do amor, que consolida os laços sociais e as organizações democráticas. Reside na escolha entre a entrópica pulsão de vida ou a sombria pulsão de morte.

As eleições de outubro podem ser um corte. Sem cicatriz. A lançar o país para um espectro de luz que descortine um agora na ágora. Forte. Que seja lançada a nossa sorte!

Boaventura de Sousa Santos

[Um dos mais importantes pensadores da contemporaneidade, recebeu em 2022 o "Frantz Fanon Lifetime Achievement Award". Seus últimos livros publicados: *Decolonising the University: The Challenge of Deep Cognitive Justice* (Cambridge Scholars, 2021); *O futuro começa agora. Da pandemia à utopia* (Edições 70, 2020; Boitempo, 2021; Akal, 2021); *Toward a New Legal Common Sense. Law, Globalization, and Emancipation* (Cambridge University Press, 2020); *O fim do império cognitivo* (Almedina, 2018; Autêntica, 2019; Trotta, 2019); *Na oficina do sociólogo artesão. Aulas magistrais 2011-2016* (Almedina, 2020; Cortez, 2018; Morata, 2020); *Izquierdas del mundo, uníos!* (Icaria, 2018; Almedina, 2019; Siglo del Hombre/ Siglo XXI, 2019); *The End of the Cognitive Empire: The Coming of Age of Epistemologies of the South* (Duke University Press, 2018).]

1 O avanço da extrema direita é um fenômeno transnacional e um dos mais importantes das décadas iniciais do século XXI. Como entender esse fenômeno? Como enfrentar o desafio de seu projeto autoritário e neoliberal?

O avanço da extrema direita no início do século XXI é diferente daquele que se viveu no mundo e particularmente na Europa no início do século XX, sobretudo depois da Primeira Guerra Mundial. As consequências da humilhação extraordinária a que foi sujeita a derrotada Alemanha no Tratado de Versalhes, combinadas com a crise econômica global, a grande depressão de 1929, conduziram à distância crescente dos cidadãos em relação à democracia por entenderem que os políticos, eleitos democraticamente, vinham a trair as promessas eleitorais e as suas políticas em nada contribuíam para o bem-estar e para a melhoria das condições de vida da maioria da população, das classes trabalhadoras nessa altura muito mobilizadas em sindicatos e partidos sobretudo na Alemanha. Havia, uma enorme polarização social (greves, protestos, ocupações) e um enfrentamento por vezes violento entre partidos de direita e partidos de esquerda e entre partidos de esquerda onde se digladiavam os partidos socialistas e os partidos comunistas. Dominava uma atmosfera de confrontação de classes que poderia conduzir a uma alternativa socialista. Foi no bojo de profunda crise social e de intensa conflitualidade social que as elites decidem aproveitar o descontentamento popular para evitar, a todo o custo, a solução socialista. Como a democracia não lhes parecia ser confiável para impedir a solução socialista, passaram a usar os processos democráticos para eleger políticos antidemocráticos que demagogicamente capitalizassem no descontentamento popular. Foi assim que democraticamente Hitler chegou ao poder em 1932. Dez anos antes, Mussolini chegara ao poder na Itália por um processo político distinto (convite do Rei Vitor Emanuel II para assumir o cargo de primeiro-ministro), mas igualmente no contexto de uma grave crise social e econômica. Em 1926, e por razões semelhantes, iniciava-se em Portugal o processo político que daria origem à ditadura fascista de António Salazar. E, em 1939, o ditador Francisco Franco chegava ao poder no fim da Guerra Civil Espanhola (1936-1939), que opôs os políticos conservadores e as Forças Armadas à República Espanhola de forte orientação de esquerda (socialista, anarquista, comunista). Portanto, a extrema direita da primeira parte do século XX ocorreu num contexto europeu de grande turbulência, causada por uma profunda crise econômica e social e politizada por uma confrontação política em que o futuro do capitalismo era radicalmente posto em causa.

Como surge hoje a extrema direita? É também um movimento global, sobretudo se analisarmos as dinâmicas que se têm desenvolvido no Atlântico Norte e nos países mais ligados a ele, os casos dos EUA, da Europa e dos países da América Latina, embora esteja presente sob formas diferentes na Ásia, nomeadamente na Índia.

O que mais distingue a situação atual da que conduziu à primeira onda da extrema direita nos últimos cem anos é que, ao contrário desta, não há neste momento qualquer força política organizada nem nenhum movimento de massas que defenda uma solução alternativa ao capitalismo. Ou seja, se o capitalismo está em crise e corre riscos é devido a um processo de involução interna e não à ação hostil de algum inimigo externo, e muito menos de um inimigo de classe.

O que há de comum com a primeira onda global de extrema direita é que estamos perante uma grave crise econômica e social, que embora não tendo os contornos da crise da grande depressão de 1929, é igualmente uma crise significativa, que se aprofundou com a crise financeira global de 2008 que não foi resolvida até hoje. Deve notar-se que em 2008 não havia na Europa nenhum partido de extrema direita, com exceção da França, com a Frente Nacional de Jean-Marie Le Pen. Hoje em dia, há partidos de extrema direita em quase todos os países e num deles, a Itália, o partido de extrema direita (Fratelli d'Italia) pode vir inclusivamente a ganhar as próximas eleições.

A situação atual é particularmente preocupante porque não se vislumbra que a crise possa ser resolvida por alguma política semelhante à do *New Deal* nos EUA por iniciativa do Presidente Franklin Roosevelt, um vasto programa de inclusão social e de intervenção estatal na economia. Ao contrário, a crise de 2008 foi criada pelo capital financeiro global e foi "resolvida" por ele e a favor dele. Ou seja, foi "resolvida" por quem a causou. Por isso, permaneceu latente e pode voltar a eclodir em qualquer momento. É nisto que consiste a atual hegemonia do neoliberalismo na economia global.

Podemos dizer que o ataque à democracia por parte do neoliberalismo teve duas fases, com ritmos e manifestações diferentes de país para país. A primeira fase foi o ataque aos direitos econômicos e sociais dos trabalhadores e às políticas sociais em geral. Direitos econômicos, direitos sociais passaram a estar na mira da ortodoxia neoliberal global (Banco Mundial e Fundo Monetário Internacional) em todos os países. Eles já vinham a ser questionados desde finais da década de 1980, mas o questionamento aprofundou-se extraordinariamente depois de 2008. O neoliberalismo nesta fase teve por grande objetivo limitar, reduzir, anular as grandes conquistas das classes populares que tinham dado origem aos direitos sociais e econômicos que, em alguma maneira, diminuíam a gravidade e a violência das contradições causadas pela acumulação de capital.

O crescimento global da extrema direita significa que entramos numa segunda fase. O neoliberalismo já não se pode satisfazer apenas com o ataque aos direitos sociais e econômicos. Começou a também a atacar os próprios direitos cívicos e políticos. Isto é, o próprio núcleo mais básico da democracia liberal. É este núcleo básico que está a ser posto em causa pela extrema direita. A extrema direita é um grande movimento global que procura destruir a democracia no seu patamar mais básico, que são os direitos civis e políticos. E, de novo, manipula a democracia para fazer eleger políticos antidemocráticos, sejam eles Bolsonaro no Brasil, Donald Trump nos EUA, Boris Johnson na Inglaterra, Viktor Orbán na Hungria, Narendra Modi na Índia. Não se trata, neste momento, de uma destruição total do processo democrático, como aconteceu com o fascismo europeu do século XX, é uma descaracterização total da democracia para a pôr acriticamente ao serviço dos interesses das variantes mais agressivas e mais violentas do capital global, que é o capital financeiro. Configura uma transição para ditaduras de tipo novo, agora diluídas no conceito de autocracia. Merece a pena refletir um pouco mais sobre o que se está a passar.

O modelo de capitalismo que hoje domina é cada vez mais incompatível com a democracia, mesmo com a democracia de baixa intensidade em que vivemos, uma democracia centrada em democratizar as relações políticas e deixando que continuem a imperar os despotismos nas relações econômicas, sociais, raciais, etnoculturais e de gênero. Refiro-me à prioridade dos mercados sobre os estados na regulação econômica e social; à transformação em mercadoria de tudo o que puder gerar lucro, incluindo o nosso corpo e a nossa mente, as nossas emoções e sentimentos, as nossas amizades e os nossos gostos; relações internacionais dominadas pelo capital financeiro e pelos super-ricos. O crescimento global das forças de extrema direita é o mais visível sintoma da crise profunda da democracia. Mas há outros: a facilidade com que a guerra de informação impede o pensamento e excita as emoções que incitam ao conformismo ante os verdadeiros agressores e à revolta contra os falsos agressores (normalmente outras vítimas dos verdadeiros agressores); a recorrente eleição de governantes medíocres, incapazes de governar e de pensar estrategicamente; o contrarreformismo conservador dos tribunais e a impunidade dos poderosos; a criação artificial de um ambiente de crise permanente cujos custos são sempre suportados pelas classes sociais mais vulneráveis; é o comportamento dos partidos de extrema direita, cujo discurso quanto mais antidemocrático e violento mais lhes permite subir nas sondagens de opinião. Não se pode excluir a possibilidade de o agravamento da crise socioeconômica levar ao colapso das instituições democráticas. O que aconteceu no Sri Lanka, no passado dia 9 de julho, é um aviso perturbador: inconformados com a carestia de vida e o colapso da economia, a multidão invadiu o palácio presidencial e o presidente, incapaz de resolver os problemas do país, fugiu para o estrangeiro.

A desfiguração da democracia é cada vez mais patente. Tendo como original objetivo garantir o governo das maiorias para benefício das maiorias, a democracia está a ser convertida num governo de minorias para benefício das minorias. Se no início da invasão da Ucrânia se fizesse um inquérito à opinião pública europeia sobre a continuidade da guerra ou a imediata negociação da paz, estou certo de que a resposta a favor da paz seria avassaladoramente majoritária. No entanto, aí está a continuidade da guerra com a sua incontestável e, até agora, única certeza: os grandes derrotados são o povo ucraniano e os restantes povos europeus. Nada disto vai ocorrer em vão. Será bom tomar nota desde já que foram os governos mais autoritários (Hungria, Turquia) e os partidos de extrema direita quem menos entusiasmo mostraram pela vertigem bélica e antirrussa que os neoconservadores norte-americanos conseguiram impor na Europa por meio de uma guerra de informação sem precedentes. É assim que, em nome da democracia, se promove a autocracia.

As novas ditaduras que se vão anunciando no horizonte não proíbem a diversidade política partidária; eliminam antes a diversidade ideológica entre as diferenças partidárias. Não eliminam a liberdade; reduzem esta a um menu de liberdades autorizadas. Não hostilizam o exercício da cidadania; induzem os cidadãos a hostilizá-lo ou a ser-lhes indiferente. Não reduzem a informação; aumentam-na à exaustão pela repetição sempre igual e sempre diferente do mesmo discurso. Não eliminam a deliberação política; fazem com que ela seja tanto mais dramática quanto mais irrelevante for a deliberação para a qualidade de vida dos cidadãos, deixando para entidades não democráticas as "verdadeiras" decisões, sejam tais entidades Bilderberg, Google, Facebook, Twitter, BlackRock, Citigroup, *deep state*, etc..

A situação em que nos encontramos agora é uma situação de democracia à beira do caos. Como procurei demonstrar em *O futuro começa agora: da pandemia à utopia* (Boitempo, 2021), a pandemia do novo coronavírus, uma pandemia global, mostrou ao mundo a falência do neoliberalismo, porque o neoliberalismo tinha vindo a defender em todo o mundo que os estados são corruptos, ineficientes, e que os grandes reguladores da vida social são os mercados, a economia capitalista privada. Veio a pandemia e os mercados desapareceram. As pessoas recorreram ao Estado para se protegerem, ou seja, não recorreram ao Estado repressivo, mas ao Estado social. Acontece que é o Estado social tinha vindo a ser subfinanciado nos últimos 20 ou 30 anos, atacado pelas políticas neoliberais, pelo Banco Mundial, pelo FMI e em muitos países já não tinha as condições para proteger os cidadãos por meio, por exemplo, de um serviço de saúde público verdadeiramente eficaz. E esta dificuldade notou-se em todos os países, e clamorosamente nos EUA, que não têm nem nunca tiveram um sistema público de saúde. Foi um dos países com um dos piores desempenhos na proteção dos cidadãos durante a pandemia. Tudo isso mostra que o neoliberalismo falhou completamente.

Em face disso, seria legítimo pensar que a pandemia levaria a uma mudança radical de política econômica e que este falhanço do neoliberalismo se traduzisse numa reorientação das preferências políticas dos cidadãos a favor dos partidos que, durante a pandemia, se mostraram mais disponíveis para defender a vida e a saúde dos cidadãos. Esses partidos foram quase sempre partidos de esquerda ou de centro-esquerda. Os partidos de direita, e muito menos ainda os partidos de extrema direita, puseram sempre a economia acima dos interesses da proteção da vida. Primeiro proteger a economia, depois proteger a vida. Finalmente, como vemos, nem protegeram a vida nem protegeram a economia. Países como a Inglaterra e o Brasil atravessam profundas crises sociais e econômicas. Tudo isso levaria a pensar que o neoliberalismo perdeu toda a sua força e legitimidade, se alguma vez a teve, e que o seu colapso estaria próximo.

Aparentemente, não é isso que está a suceder. Mais uma vez, como aconteceu em 2008, aqueles que produziram a crise são aqueles que se estão a aproveitar dela. Não estamos a ver em nenhum país uma inversão significativa das políticas de saúde, por exemplo. É certo que alguns dos partidos conservadores acabaram por perder as eleições. O caso de Trump, nos EUA, ou de Boris Johnson, na Inglaterra (demitido), e o caso de Bolsonaro, no Brasil, assim esperamos. Mas a verdade é que não encontramos neste momento uma promoção, a nível global, de políticas sociais que mostrem que o neoliberalismo é um cadáver histórico e que há que encontrar outras soluções, que não são apenas soluções de redistribuição social e de proteção da vida. São também soluções de proteção do meio ambiente. Também aí o neoliberalismo se saldou por uma derrota clamorosa, de que o Brasil neste momento é o exemplo mais dramático através das políticas de destruição ambiental levadas a cabo pelo governo de Bolsonaro.

O projeto neoliberal teve uma origem autoritária e continua exatamente com essa característica e é por isso que está a levar a democracia à beira do caos. É evidente que as forças de extrema direita estão a encontrar alguma resistência. Por exemplo, nos EUA, tudo leva a crer que essas forças de extrema direita possam eventualmente não ter pelo menos o seu candidato, Donald Trump, como candidato às eleições de 2024. Mas estão muito fortes no terreno social e metade da população norte-americana pensa que o país vai entrar proximamente numa guerra civil. A possível inabilitação de Trump é também um fator com influência nas próximas eleições do Brasil, porque a extrema direita global, e nomeadamente a extrema direita norte-americana, olha para o Brasil como a última oportunidade de manter num grande país uma política de extrema direita. Daí toda a atividade clandestina (ou não tão clandestina, que a gente não conheça) em que ela se move neste momento entre as forças norte-americanas de extrema direita e o círculo da família Bolsonaro.

Na América Latina, temos vindo a assistir que alguns países, também golpeados pelo neoliberalismo financeiro e pela pandemia, estão a dar uma resposta progressista. É o caso do Chile, foi o caso da Argentina, o caso do Peru com todas as ambiguidades e o caso da Colômbia, por último. E certamente o caso do Brasil será o próximo. É uma situação de extrema instabilidade que, na teoria dos sistemas, se costuma designar como situação de bifurcação – um período de grande desequilíbrio sistêmico em que qualquer pequeno movimento pode ter consequências enormes. Por exemplo, a nível global, pode dizer-se que a derrota de Bolsonaro, apesar de ser apenas num país entre os 192 que compõem as Nações Unidas, é fundamental para a crise da extrema direita global, tal como a vitória dele teria consequências graves para o futuro da democracia em todo o mundo.

Estamos nesta situação de bifurcação, a democracia próxima da ruptura ou de uma desfiguração que a torne irreconhecível. Em muitos países, as eleições que se estão a travar são eleições em defesa da democracia ou contra a democracia, dependendo da identidade do vencedor. A grande agenda neste momento é defender a democracia dos ataques dos fascistas em suas diferentes encarnações. Os ataques assumem múltiplas versões. Na Europa, por exemplo, a guerra na Ucrânia está a criar uma enorme degradação da vida social e económica. É importante reter que a Ucrânia é o país onde as forças neonazis são forças militares não clandestinas ou semiclandestinas. Ao contrário do que acontece nos EUA e noutros países, estão integradas nas forças armadas do país. Saem deste enfrentamento com a Rússia bastante fortalecidas e podem transformar-se numa outra versão do patriotismo. Um patriotismo neonazi é um patriotismo agressivo e antidemocrático, que augura o pior para a democracia na Europa e no mundo. Os sinais de preocupação são muito grandes. As razões da esperança, no caso do Brasil, residem na vitória do Presidente Lula nas próximas eleições.

2 O senhor propôs recentemente que se impõe, para o resgate da normalidade política no Brasil, "desbolsonarizar" a democracia e "desmorizar" a justiça.[1] Pode desenvolver essa ideia?

É evidente que Bolsonaro é a ponta do *iceberg*, a figura política que a extrema direita nacional e global encontrou para desestabilizar a democracia brasileira, para desestabilizar toda a herança de políticas de redistribuição social, de inclusão social, uma política que com as limitações e as ambiguidades que a seu tempo lhe reconhecemos, caracterizou-se por uma redistribuição social significativa, que, embora não diminuísse a desigualdade do Brasil, diminuiu a pobreza, resolveu o problema da fome e iniciou um processo de justiça racial. A política de extrema direita de Bolsonaro destinou-se a varrer do mapa toda essa herança, que era a herança de um presidente que tinha saído de um segundo mandato com 80% de aprovação e transformá-lo num criminoso, prendê-lo, aliás, ainda sem sentença em trânsito em julgado, durante 582 dias numa prisão da Polícia Federal de Curitiba. Tratou-se de uma proposta para desestabilizar a democracia brasileira. As elites brasileiras, em articulação com as globais (neste caso, sobretudo, norte-americanas), tiveram o apoio do Departamento de Justiça dos EUA para montar a vergonhosa manipulação da justiça que foi a operação Lava Jato.

1 Boaventura de Sousa Santos. "Desbolsonarizar a democracia, desmorizar a justiça": https://iree.org.br/desbolsonarizar-a-democracia-desmorizar-a-justica/.

Acontece que Bolsonaro não é tudo. Bolsonaro já não era tudo quando chegou ao poder. Chega ao poder já num caldo de cultura conservador que tinha vindo a ser criado, por muitas razões, e que agora se aprofundou. As razões fundamentais, no meu entender, são, por um lado, a política dos EUA, que, desde o início do século XX, tem vindo a ter uma intervenção destinada a liquidar qualquer sinal de insurreição ou de política progressista na América Latina, uma intervenção que se intensificou depois da Revolução Cubana. Em 1969, Rockefeller visitou o Brasil e a América Latina, ao serviço do presidente Richard Nixon, e fez um célebre (ou infame) relatório em que diz existir um perigo de insurreição baseado na religião, protagonizado pela teologia da libertação e que os EUA deveriam oferecer uma alternativa religiosa conservadora, já que as alternativas anteriores, como a Aliança para o Progresso, de J. F. Kennedy, tinham falhado. A resposta devia ser religiosa e conservadora. Posteriormente, o presidente Ronald Reagan teve nessa política um grande aliado, o Papa João Paulo II, um anticomunista visceral, que colaborou ativamente com os EUA no sentido de neutralizar a teologia da libertação. A partir daí houve uma autêntica invasão em todo o continente de pastores e igrejas das correntes mais conservadoras do protestantismo norte-americano, sobretudo das igrejas evangélicas pentecostais. Menos de dez anos depois da visita de Rockfeller era criada a poderosa Igreja Universal do Reino de Deus. Foi uma política que teve sucesso ao ponto de termos hoje em muitos países latino-americanos presidentes ou vice-presidentes (ou candidatos) e ministros que são evangélicos de correntes pentecostais ou conservadoras, quando não são mesmo antigos pastores reciclados em políticos. E estas correntes religiosas conservadoras estabeleceram-se na base da sociedade. Os pastores foram viver e trabalhar onde a teologia da libertação trabalhava antes, nos bairros periféricos, nas favelas, entre as classes populares. Aproveitou o vazio criado pela neutralização e saída da teologia da libertação para se sedimentar no tecido social. Há hoje um bolsonarismo conservador no terreno que vai muito para além de Bolsonaro. Claro que a facilidade com que as igrejas evangélicas e a política conservadora se instalaram na base do tecido social brasileiro não se deveu exclusivamente à neutralização da teologia da libertação. Ela foi também um produto de uma esquerda institucional que, depois de 1988 e sobretudo depois de 2003, com a vitória de Lula, se foi distanciando das suas bases sociais. Aliás, depois de 2003 pensou erradamente que, tendo conquistado o poder de governo, tinha conquistado também o poder social. Promoveram políticas assistencialistas eficazes e importantes para as classes populares, mas aquele trabalho de base que era feito com os grupos, a discussão com as células partidárias, com o trabalho que existia por todas as periferias, vindas muitas vezes do tempo da ditadura, todo esse trabalho terminou. E as periferias ficaram sem referências ideológicas de esquerda, digamos assim. Os políticos de esquerda foram viver para as zonas urbanas de classe média ou para Brasília e abandonaram as periferias. Tudo isto causou uma desertificação, um vazio, que foi ocupado por forças conservadoras. Elas hoje estão no terreno, algumas delas são religiosas e outras são seculares. Há uma fração do capital empresarial que continua a não se conformar com os direitos dos trabalhadores e com o direito à diferença, e usa todo o preconceito colonial, racial e sexista na sociedade brasileira para ganhar terreno. Não é apenas um projeto econômico, é também um projeto ideológico, que, por meio do discurso do ódio e da estigmatização dos adversários, vai corroendo o tecido democrático na base, isto é, a ideia democrática da convivência na diferença e no antagonismo democrático. Um antagonismo que não recorre à liquidação do adversário, mas à vitória democrática sobre ele, uma vitória sempre transitória porque o processo democrático é contínuo e sempre de resultados incertos. Neste domínio, é importante ter em mente o processo concreto de degradação democrática. Numa democracia, para que os resultados sejam incertos – pode ganhar o partido A ou o B –, tem de assentar em processos certos, regimes eleitorais, dignos, confiáveis, e eleições livres e justas. A perversão da democracia por parte da extrema direita consistiu em tornar os processos incertos (fraudes eleitorais, supressão do direito ou compra de voto) para obter resultados certos, ou seja, a vitória dos partidos de extrema direita ou seus aliados. Penso que, durante algum tempo, as esquerdas não se deram conta desta inversão; e, nos piores casos, tentaram mesmo aproveitar-se dela, sempre sem êxito – como seria de esperar.

Derrotar o bolsonarismo do Bolsonaro é muito importante. Será uma luta dura, mas com todas as condições para ser ganha. Não se deve pensar, no entanto, que isso significa derrotar o bolsonarismo. Penso que os democratas brasileiros devem entender que a democracia nos próximos anos não vai ser defendida apenas nas instituições. Vai ser também defendida na rua. Não só para garantir que os processos eleitorais decorram normalmente, como para que haja a tomada de posse sem turbulência, como ainda para que o governo possa entrar em funções e realizar as suas políticas. O Brasil tem uma experiência trágica desde 2016, quando se mostrou que as instituições não são totalmente confiáveis. Para que cumpram o seu papel, têm de ser pressionadas pelo povo. Os democratas têm de estar alerta e preparados para sair à rua se tal for necessário. Os democratas são o povo democrático. O Brasil, ao contrário de outros países da América Latina, não tem uma tradição muito forte do povão ir à rua, como acontece no Chile, na Argentina, na própria Colômbia e no Equador e Bolívia, sobretudo os povos indígenas. No Brasil, é mais frequente vir a extrema direita para a rua do que propriamente a esquerda. A democracia brasileira vai ter de ser defendida não só nas instituições, como também na rua.

3 Como analisa a importância das eleições em outubro de 2022 para o futuro do Brasil?

À luz de tudo o que disse na resposta às duas perguntas anteriores, penso que as eleições de outubro de 2022 são absolutamente decisivas para a sobrevivência da democracia no Brasil e inclusivamente na região. As eleições de outubro de 2022 são eleições sobre a defesa da democracia. Não haverá democracia no Brasil depois de Bolsonaro no segundo mandato. A degradação da vida democrática que Bolsonaro levou a cabo no primeiro turno é sem precedentes na história contemporânea, porque em quatro anos presidiu a uma degradação econômica, com contornos muito surpreendentes – o Brasil era na altura entre a sexta ou a sétima economia do mundo, neste momento é talvez a décima segunda. Houve uma degradação da economia brasileira no contexto global e, portanto, também uma degradação das condições de vida dos brasileiros. Tornou-se patente a todos os olhos durante a pandemia, em que um presidente, único no mundo, levou a cabo consistentemente uma política contra a proteção da vida, trivializando a pandemia e difundindo notícias falsas que causaram a morte evitável de muita gente. Num primeiro mandato, a degradação do tecido social, político, econômico e cultural do próprio país foi extraordinária. Imaginemos mais quatro anos disso. Penso que a democracia brasileira não sobreviverá. Se notarmos bem, neste período, para além destas crises, assistimos no Brasil a uma grande debilidade institucional. Muitos de nós tínhamos vindo a defender que as instituições do Brasil – judiciais e políticas – tinham uma certa resiliência, uma certa capacidade profissional, sendo, por exemplo, conhecida internacionalmente a escola de diplomacia do Itamaraty. Tudo isto levava a crer que as instituições, sobretudo o sistema judicial, pudessem manter a garantia da democracia. Em vez disso, assistimos nestes últimos cinco anos a uma degradação total destas instituições. Mostraram uma enorme debilidade, sobretudo na primeira fase da investida reacionária. Não conseguiram de maneira nenhuma travar a onda de extrema direita, uma onda avassaladora, com o apoio dos grande média, para justificar não só a vitória de Bolsonaro como a liquidação de todas as conquistas populares da última década. Penso que a debilidade foi muito grave. Aliás, não é com a reversão judicial do caso do presidente Lula que essa regressão e essa debilidade se eliminam, porque houve fatores externos ao sistema que o levaram a reagir. Refiro-me à divulgação feita pelo *Intercept* do que tinha sido discutido em privado pelos magistrados, entre si, com os políticos conservadores e com os serviços secretos e o Departamento de Estado dos EUA, uma flagrante e grotesca manipulação do sistema judicial. Assistimos nos últimos tempos a uma certa autocrítica do Supremo Tribunal Federal (não explícita, obviamente), e é muito auspicioso que a tenha feito. Mais uma vez, foi à beira do caos que se salvou a normalidade institucional. Provavelmente, se não houvesse fugas para a imprensa do nível a que tinha chegado a manipulação do sistema judicial, não teríamos a libertação do presidente Lula nem a sua habilitação para poder ser agora o candidato ganhador – assim esperamos – das próximas eleições.

Em segundo lugar, estão em causa políticas emergenciais rápidas, que ponham fim à fome no Brasil, à pobreza extrema, à total degradação das condições de vida das classes mais vulneráveis e que obviamente ponham fim de imediato a toda a destruição ambiental, que é um autêntico ecocídio, isto é, uma destruição intencional do meio ambiente, sobretudo na Amazônia. É decisiva a vitória de Lula para que essas medidas sejam tomadas. Depois, haverá outras medidas que são muito mais difíceis de implementar, que são estruturais: a regulação do capital financeiro, a tributação das grandes fortunas, a reversão das privatizações (de algumas, pelo menos), uma nova política de redistribuição social e de reconhecimento da diversidade cultural do Brasil, tal como vinha sendo implementada com as ações afirmativas e que o discurso de ódio tem vindo a pôr em causa. Tudo isso levará mais tempo.

Para tudo isso, é decisiva a vitória do presidente Lula. Está praticamente tudo em causa nessas eleições. É preciso que ninguém deixe de votar, é preciso que quem vota pense que o seu voto é para salvar a democracia. A eleição do presidente Lula é a única possibilidade de defender a democracia e naturalmente também a eleição de representantes que pautem a sua conduta pela defesa da democracia. A direita latino-americana tem uma tradição de não perder o controle do poder legislativo quando perde o controle do poder presidencial. É uma estratégia que usa para evitar o recurso mais radical aos golpes a que também recorre, mas que tem custos políticos muito mais altos.

Cláudio Ribeiro

[Doutorando em História pelo Programa de Pós-Graduação em História da Universidade Federal de Goiás (PPGH – UFG). Desenvolve pesquisa na área Brasil Republicano, com ênfase no período da Primeira República (1889-1930), examinando especificamente a dinâmica do radicalismo e da violência política no governo de Prudente de Morais (1894-1898). Já colaborou, como ensaísta, nos blogs *Miméticos*, dedicado ao pensamento de René Girard, e *Estado da Arte*, do jornal *O Estado de S. Paulo*.]

1 O bolsonarismo instrumentalizou o fanatismo político na figura da intolerância radical contra qualquer forma de alteridade. Em suas pesquisas, realiza-se uma arqueologia da situação atual por meio de uma comparação com o florianismo. Quais as similaridades e diferenças entre os dois movimentos? Como o florianismo foi superado?

Bom, na verdade, as comparações que venho estabelecendo entre florianismo e bolsonarismo compõem um aspecto lateral (ou um *efeito colateral*) da pesquisa que desenvolvo no doutorado desde 2019, cujo tema é o atentado sofrido pelo presidente Prudente de Morais, em 5 de novembro de 1897 – atentado cometido por um jovem soldado alagoano, florianista fanático, chamado Marcelino Bispo de Melo. Mas, embora o meu objeto de estudo seja bem delimitado historicamente, a pesquisa, de modo inevitável, me impeliu a comparar uma e outra épocas da história da República brasileira. Um dos elementos que permitem tal comparação é, sem dúvida, o fanatismo político.

O florianismo, assim como bolsonarismo, caracterizou-se pelo culto à personalidade de seu líder e manifestou um certo tipo de republicanismo radical esposado por parte expressiva das camadas médias urbanas das principais capitais brasileiras da época, em especial Rio de Janeiro (então capital federal) e São Paulo. Tal radicalidade podia ser vista tanto no parlamento, em figuras como a do deputado pernambucano Barbosa Lima, um dos ex-alunos da Escola Militar da Praia Vermelha (formados por Benjamin Constant) que viam em Floriano a figura do ditador ideal nos moldes positivistas, quanto nas ruas, tendo como ponta de lança os autointitulados "jacobinos" – facção violenta derivada dos "Batalhões Patrióticos". Esses batalhões, compostos de jovens civis e militares, se formaram a partir de setembro de 1893 em nome da "defesa da República", quando houve o segundo levante armado liderado pelo almirante Custódio de Mello – fato que passou a ser conhecido como Segunda Revolta da Armada. Refresquemos a memória: Custódio de Mello pretendia, a 6 de setembro de 1893, repetir o gesto que fez em 23 de novembro de 1891, quando depôs Deodoro da Fonseca vinte dias após este ter dado o golpe de Estado que fechou o Congresso Nacional. Mas havia uma diferença de conjuntura crucial.

Após o golpe de 3 de novembro, dado por Deodoro, e o contragolpe da Armada, o poder, por assim dizer, caiu "no colo" de Floriano Peixoto, vice-presidente da República. Mas, logo em abril de 1892, outro grupo de militares seduzidos pela política questionou a permanência de Floriano no poder, exigindo a convocação de novas eleições. Floriano se recusou a entregar o cargo, reagindo violentamente reformando generais e declarando o Estado de Sítio. Começava aí a criação do espectro do "Consolidador da República". Nesse meio tempo, Custódio compunha o governo como ministro da guerra. Quando estourou o conflito no Rio Grande do Sul no segundo semestre de 1893, entre Júlio de Castilho e os federalistas, Floriano preteriu Custódio, escanteando-o das possíveis negociações de paz. O ressentimento levou este último a juntar-se aos federalistas e tentar repetir o gesto de 23 de novembro de 1891, fracassando rotundamente. Mas era o que Floriano precisava para mobilizar a juventude civil e militar de vários pontos do país em "defesa da República". Tal discurso tornou-se ainda mais vigoroso quando outro almirante, até então neutro, aderiu à revolta: o almirante Saldanha da Gama, monarquista declarado. A partir daí, a "defesa da República" confundiu-se com o combate ao monarquismo e à ameaça de "restauração [do trono]". Tratava-se de algo quase delirante. Qualquer um poderia ser "monarquista", bastava tecer qualquer crítica aos muitos excessos do governo de Floriano. A República tornava-se, assim, um "ídolo oco" a quem se oferecia "sacrifícios", como disse certa feita o escritor Lima Barreto. Era a este ídolo que o jovem Marcelino Bispo de Melo, que atentou contra a vida de Prudente, jurava devoção inexcedível.

Com a eleição de Prudente de Morais, em novembro de 1894, uma de suas "missões" como primeiro presidente civil era terminar a guerra no campo político, anistiando os revoltosos. Eis aí o ponto crítico que fez o jacobinismo florianista recrudescer. Para os radicais adoradores de Floriano (que falece em julho de 1895) era inadmissível perdoar "monarquista". Para dizê-lo de modo mais atual: "Monarquista bom era monarquista morto!" Pois bem, se trocarmos "monarquista" por "esquerdista", ou "comunista", teremos o mesmo tipo de visão de mundo "repaginada" no Brasil do século XXI, a visão de mundo do bolsonarismo! Mas essa visão de mundo foi gestada no interior do próprio Exército, a partir de 1935, quando houve a Intentona Comunista. Se para os florianistas a grande ameaça era a "restauração do trono"; se, para os jovens tenentes de 1922, era o poder das oligarquias; para os militares da geração de 1930 em diante, a ameaça principal tornou-se o comunismo. Em grande medida, Bolsonaro reavivou esse discurso. Discurso que precisa ostentar um viés salvacionista permanente.

Não à toa, a frase "Meu partido é o Brasil", inscrita em caracteres verdes sobre o tecido amarelo da camisa que Jair Bolsonaro vestia em 6 de setembro de 2018, quando foi alvo da facada de Adélio Bispo, tornou-se uma síntese da relação entre o líder e sua base de "patriotas". Se o partido é a própria Nação, então quem não estiver alinhado com este partido está contra a Nação, é seu inimigo. Daí que matar e morrer pela pátria, para "salvá-la", torna-se o "dever político" mais premente. Na década de 1890, isso se materializava no gesto de impedir o retorno da monarquia; na década de 2020, de impedir a implantação do "comunismo". "Peço a Deus que meu país nunca venha a sofrer as dores do comunismo", vem dizendo o presidente Bolsonaro. E complemente, com outra frase sintomática, extraída da Bíblia: "Nada temeis, nem mesmo a morte, senão a morte eterna". E mais! Disse ainda, dirigindo-se ao público da convenção de lançamento de sua candidatura: "Repitam aí: 'Eu juro dar a vida pela minha liberdade!'". O bolsonarismo, como o florianismo, vê como irrelevante a disputa política mediante os instrumentos previstos pelo ordenamento jurídico. Por isso, a unidade desse tipo de grupo precisa continuamente de inimigos designáveis e vítimas sacrificáveis.

Como o florianismo foi superado? Bom, três fatores foram decisivos, sendo dois deles bastante trágicos: 1) a política de cooptação que Prudente de Morais fez do alto oficialato do Exército, entre os anos de 1895 e 1897. O primeiro presidente paulista cavou uma distância entre os generais e coronéis, mais ou menos fiéis ao governo, e o baixo oficialato florianista, isolando e mesmo exonerando muitos de seus representantes. 2) a guerra nos sertões, contra Canudos, que dizimou toda a população de um arraial, também contribuiu para enfraquecer o que restava da estrutura do Exército, que ficou em frangalhos, incapaz de oferecer qualquer risco sério de levante armado por parte do que restava do florianismo. 3) trata-se do meu objeto de estudo: o atentado de 5 de novembro de 1897, contra Prudente. Por ter sido um atentado praticado por um jovem soldado confessadamente florianista, e por ter vitimado não o presidente, mas um marechal legalista, o gaúcho Machado Bittencourt, que morreu defendendo Prudente, este acontecimento revigorou a autoridade civil. O enterro do marechal morto, em 6 de novembro, reuniu cerca de 30 mil pessoas no cemitério de São João Batista. A imagem do "marechal de Ouro", como ficou sendo chamado, em grande parte se sobrepôs ao culto da imagem do "marechal de Ferro". Prudente valeu-se da aura desse "martírio" em nome da lei para destruir o que restava da base política do florianismo, valendo-se da arma de que o próprio Floriano usou e abusou: o Estado de Sítio.

Sendo assim, o impacto da morte do marechal Machado Bittencourt foi decisivo no processo de superação do florianismo, principalmente por ter sido um acontecimento que penetrou na esfera das emoções de massa. O editorial do jornal *Cidade do Rio* (comandado por José do Patrocínio) de 7 de novembro de 1897, embora faça óbvio uso político da morte do marechal, descreve bem a imagem cristalizada de um "autossacrifício" em prol da lei: "A República pela qual suspirávamos acaba de fazer a sua última conjunção com o jacobinismo, e campeia agora rutilante e serena, como o sol depois de um eclipse. *O sangue do marechal Bittencourt argamassou-a* ontem com a lealdade antiga da força pública e o calor do coração popular (...). Esse indescritível *plebiscito de corações* ratificou a Constituição de 24 de fevereiro [de 1891], definiu livre e espontaneamente o dogma da inviolabilidade dos poderes soberanos, que só podem ter um tutor e um juiz – a lei". A expressão "plebiscito de corações" diz muito. O poder civil estaria recebendo, naquela ocasião, uma chancela *direta* do "povo", mediante o contingente de pessoas que prantearam o mártir da legalidade em sua tumba. Este é um ponto pouco explorado pela historiografia, e sobre o qual eu me debruço.

2 O impasse de origem da República brasileira reside na primazia de pronunciamentos militares, isto é, da sombra tutelar das Forças Armadas, que se desejam um anacrônico Poder Moderador. Qual o papel desse desejo no florianismo e no bolsonarismo?

Bom, em primeiro lugar, não podemos perder de vista o seguinte: a relação dos militares com o poder político nunca esteve dissociada de certo grau de promiscuidade com lideranças civis. O militar de maior prestígio, em 1889, entre a soldadesca e grande parte dos oficiais,

Deodoro da Fonseca, "proclamou a República" depois de ter sido incensado por figuras como a de um Quintino Bocaiúva - alguém simpático, diga-se de passagem, ao modelo republicano militarista da América do Sul. Esse prestígio vinha tanto de sua folha de serviços, na qual contava os atos de heroísmo na Guerra do Paraguai, quanto da "defesa da honra" da corporação ante os gabinetes imperiais, feita por meio de artigos de jornais a partir de meados da década de 1880, abrindo a querela conhecida como "Questões militares". À época, até mesmo figuras como a de um Rui Barbosa aplaudiam o protagonismo político de Deodoro, ainda que isso ferisse explicitamente os códigos disciplinares da corporação. Deodoro passou a encarnar o modelo de "soldado cidadão", ou de "cidadão fardado". O desfecho dessa querela foi a derrubada do gabinete Ouro Preto - o último do período imperial. Não era para ser a inauguração de um novo regime. Isso só se deu por conta da influência de republicanos civis e, claro, da vertente militar de Benjamin Constant, do republicanismo da Escola Militar da Praia Vermelha e seus oficiais "científicos" que não gozavam de nenhum prestígio ante as tropas.

O mito do "Poder moderador" (ou da "função moderadora") associado às Forças Armadas, e defendido, hoje, por juristas como Ives Gandra Martins, creio, não se aplica a esses primeiros anos da República. Ele só passará a ter vigência mesmo depois do Estado Novo, isto é, depois do afastamento de Getúlio Vargas do poder e da ascensão do general Eurico Gaspar Dutra. Mas muitos de seus elementos já estavam dados nas décadas de 1880 e 1890.

Destaco dois:

1) Como diz Edmundo Campos Coelho, em seu livro *Em busca de identidade*,[1] havia certa perspectiva de uma "função regeneradora", particularmente defendida por Floriano Peixoto, que se inspirava nas Repúblicas do Prata. Tratava-se da ideia de que a *espada* poderia fazer uma "assepsia" do tecido político e social; a autoridade militar

---

1 Edmundo Campos Coelho. *Em busca de identidade - o Exército e a Política na sociedade brasileira*. Rio de Janeiro: Record, 2000.

poderia "curar" as feridas provocadas pela autoridade civil, mediante instrumentos autoritários. Tobias do Rego Monteiro, em seu indispensável *Pesquisas e depoimentos*, registra uma confissão que Floriano fez a seu amigo coronel Soares Neiva, em carta de 10 de julho de 1889, dizendo que "só uma ditatura militar poderia salvar o Brasil". E mais, o marechal falava que, como "liberal [Floriano era vinculado ao Partido Liberal do período do Segundo Império] que sou, não posso querer para o meu país o governo da espada; mas não há quem desconheça, e aí estão os exemplos, de que é ele que sabe *purificar* o sangue do corpo social que, como o nosso, está *corrompido*."[2] A ditatura viria por suas próprias mãos, em 1893. Foi o período em que o Brasil mais se aproximou da época mais instável e o violenta das repúblicas sul-americanas. O bolsonarismo de certa forma também adota essa perspectiva. Até mesmo as metáforas biológicas de cura e regeneração aparecem. Basta como exemplo a fala da primeira-dama Michelle Bolsonaro, em sua "pregação" durante a convenção do Partido Liberal (PL) que referendou a candidatura de Bolsonaro: "A reeleição não é para *status*, é para *cura* e libertação da Nação". Ainda que ela não fale em ditadura, nem em "espada", e ainda que queira dar um ar espiritual à palavra "cura", o sentido vai além: trata-se de um desejo de regeneração moral da Nação; de uma assepsia de seus valores; do restabelecimento de um suposto padrão moral perdido. Daí a necessidade de "libertação", de libertar a Nação do que a "corrompe": tudo o que não seja condizente com a visão de mundo da extrema direita.

2) O segundo ponto diz respeito às brechas da letra da lei magna que dão margem a interpretações tendenciosas. Na Constituição de 1891, poder ler no Artigo 14, uma espécie de "bisavô" do Artigo 142 da Constituição de 1988, o seguinte: "As forças de terra e mar são instituições nacionais permanentes, destinadas à defesa da Pátria no exterior e *à manutenção das leis no interior*. A força armada é

2 Tobias Monteiro. *Pesquisas e depoimentos*. Rio de Janeiro: Livraria Francisco Alves & Cia., 1913, pp. 118-119.

essencialmente obediente, *dentro dos limites da lei*, aos seus superiores hierárquicos e obrigada a sustentar as instituições constitucionais". Os critérios vagos em destaque ("manutenção das leis no interior" e "[obediência] dentro dos limites da lei") consistiam praticamente numa incorporação da prerrogativa do "soldado cidadão", o que na prática era um convite à indisciplina e à intromissão em questões políticas. O artigo 142 da Constituição vigente, redigido pelo então deputado constituinte Fernando Henrique Cardoso sob a supervisão do general Leônidas Pires Gonçalves, diz que "[as Forças Armadas] destinam-se à defesa da Pátria, à *garantia dos poderes constitucionais* e, por iniciativa de qualquer destes, da lei e da ordem." Novamente, o critério, ainda que menos vago que o do artigo de 1891, dá azo a interpretações como a de Ives Gandra, que supõe um caráter de arbítrio dos demais poderes inerente às funções das Forças Armadas. Em todo caso, a comparação tem de ser bem cuidadosa, embora as "raízes" do problema pode ser que estejam, de fato, na primeira constituição republicana.

3 Como analisa a importância das eleições em outubro de 2022 para o futuro do Brasil?

A resposta a esta questão talvez devesse principiar pela leitura de uma frase de Gilberto Freyre, escrita tendo em vista a passagem do Império à República: "(...) nada mais expressivo da relatividade dos tempos que a fácil dissolução dos futuros em passados, deixando em insignificância os presentes: os tempos presentes".[3] Sempre achei essa frase muito inquietante, porque cala fundo na alma de qualquer brasileiro que conhece o mínimo da história de seu país. De certa forma, outra frase – muito mais conhecida –, da lavra de

3 Gilberto Freyre. *Ordem e Progresso*. Rio de Janeiro: Editora José Olympio, 1962, p. 608.

Millôr Fernandes, comporta o mesmo tipo de reflexão, ainda que exposto em tom jocoso: "O Brasil tem um longo passado pela frente". As eleições de outubro de 2022 (e não apenas a presidencial) serão importantes pelo fato de que, em dada medida, constituirão ou 1) um refluxo daquilo que nosso passado tem de pior, caso Bolsonaro e uma plêiade de bolsonaristas sejam eleitos, ou 2) o primeiro passo na direção do acerto de contas com este mesmo passado.

Explico: seria um truísmo dizer que a instituição eleitoral é o pilar das democracias representativas. Isso é mais que óbvio. Mas a história do nazifascismo dos anos 1920-1930 já nos mostrou que tal instituição pode ser, paradoxalmente, instrumentalizada para solapar, desde dentro, a própria democracia e o Estado de Direito com um todo. Desde 2019, o Brasil vem sofrendo diuturna e aceleradamente este processo de solapamento! O operador principal da ruína é o presidente da República, democraticamente eleito em 2018! As instituições que puderam reagir, como o Supremo Tribunal Federal, o fizeram mediante expedientes por vezes reprováveis, porém ajustados à urgência dos tempos presentes, dada a inação do procurador-geral da República e do presidente da Câmara dos Deputados. Mas já chegamos ao limiar. O risco de o presidente em exercício ser reeleito existe e não pode ser ignorado; não podemos cobrir os olhos com um véu de confiança cega no potencial eleitoral do ex-presidente Luís Inácio Lula da Silva. Bolsonaro e os "donos do orçamento" que o apoiam jogam um jogo duplo e sujo. Trabalham com duas possibilidades ao mesmo tempo: 1) capitalizar votos por meio dos auxílios previstos na verba da "PEC Kamikaze" e empurrar a eleição para o segundo turno e, acontecendo isto, tentar emplacar ou a vitória — que, repito, não pode ser descartada — ou um resultado muito apertado, tão apertado que dê vazão ao remate do golpe já anunciado desde há muito: contestação do resultado, caos nas ruas, tentativas de invasão de edifícios das cortes superiores etc. 2) Na iminência do fracasso da estratégia com a "PEC Kamikaze", provocar o caos logo no dia do primeiro turno, 2 de outubro, indo para o "tudo ou nada", a fim de negociar uma "saída" da crise com as forças políticas e os outros poderes (saída que implicaria um indulto para seus crimes).

Essa segunda possibilidade poderia resultar em algo inédito na história brasileira, e tão traumático que não poderá ser superado tão cedo. Daí que seja urgente trabalhar para derrotar Bolsonaro e os candidatos bolsonaristas nas urnas, seja alertando aos eleitores que, porventura, sejam genuinamente conservadores, de direita, e não de extrema direita, que o verniz de conservadorismo que Bolsonaro esposa não passa disso: um puro verniz, uma casca, um embuste!, seja dando apoio integral às instituições eleitorais, TSE e TREs, que precisarão de manifestações de confiança e apreço.

Ferido o pleito e tendo ganho ou Lula ou qualquer outro candidato que não seja Bolsonaro, haveremos de dar outros passos na direção do acerto de contas com nosso passado, haja vista que o bolsonarismo continuará. A esquerda e o centro democrático (e não fisiológico) deverão estar abertos ao diálogo com este perfil de conservadores: aqueles que não são de extrema direita, ou que pelo menos não reduzem os adversários político-ideológicos a inimigos declarados, passíveis de execração pública ou mesmo eliminação física. Esse espectro é variado e foi encapsulado em muitas franjas do bolsonarismo. O acerto de contas com nosso passado inevitavelmente deverá passar pela caracterização e pela compreensão dessa força política represada até 2018, quando se viu seduzida pelo discurso falsamente moralista de Bolsonaro. Há que se elaborar critérios para separar o joio do trigo, o conservadorismo genuinamente brasileiro do troglodisodismo (também genuinamente brasileiro, em sua face perversa) reacionário. Este será um passo importante para que nosso futuro, mais uma vez, não se dissolva em passado.

Cesar Calejon

[Jornalista e escritor. Mestre em Mudança Social e Participação Política pela Universidade de São Paulo (EACH), com especialização em Relações Internacionais pela Fundação Getúlio Vargas. Publicou os livros *A ascensão do bolsonarismo no Brasil do Século XXI* (2019), *Tempestade perfeita: o bolsonarismo e a sindemia covid-19 no Brasil* (2021) e *Sobre perdas e danos: negacionismo, lawfare e neofascismo no Brasil* (2022).]

1 Em sua coluna no UOL, o público leitor teve acesso a análises cuidadosas sobre o bolsonarismo, desvendando a existência de uma autêntica máquina de desinformação e de negacionismo. Como manter uma democracia sólida em meio aos ataques de *fake news* e teorias conspiratórias?

Muito antes do surgimento dos modelos de extração de atenção, que são utilizados para organizar os algoritmos das redes sociais digitais de forma a extrair o máximo de atenção possível dos seus usuários, o que as tornam extremamente restritivas e viciantes, e da invenção das próprias redes sociais digitais, um dos atos criminosos mais selvagens e tristes da história humana, o genocídio em Ruanda, vitimou mais de 800 mil pessoas da etnia tutsi. Mulheres, homens, idosos e crianças foram mortas a golpes de foice e porretes por membros do grupo hútus, em 1994.

O genocídio foi perpetrado com o auxílio direto de desinformação, discursos de ódio e uma rede social. Nos meses anteriores ao extermínio, Félicien Kabuga, um dos empresários mais ricos do país naquela ocasião, além de comprar as armas brancas que foram utilizadas na "limpeza étnica", utilizou a sua rádio, Mille Collines, para transmitir à população de todo o país milhares de horas de mensagens de ódio caracterizando os tutsis como insetos que deveriam ser esmagados para o surgimento de uma nação superior.

Esta mesma dinâmica vem sendo aplicada no Genocídio Rohingya, no estado de Mianmar, no sul da Ásia, desde 2016, por exemplo. Contudo, o veículo de comunicação de massa utilizado pelos perpetradores neste caso é a plataforma oferecida pelo Facebook.

Casos assim são os resultados extremos do que a perigosa combinação de ódio e veículos de comunicação de ampla abrangência pode produzir, em última instância. No Brasil, entre 2020 e 2021, estes processos de desinformação e disseminação de elitismos histórico-culturais via internet foram determinantes para agravar a crise causada pelo coronavírus e também comprometeram o estado da democracia nacional.

Segundo o site *Aos Fatos*, somente entre março e outubro de 2020, o presidente brasileiro deu 653 declarações falsas ou distorcidas sobre a pandemia, que foram transmitidas por meio das suas redes sociais, fundamentalmente. Durante os dois primeiros anos na Presidência da República (2019 e 2020), Bolsonaro deu 2.187 declarações falsas ou distorcidas em discursos, entrevistas, postagens nas mídias sociais e interações com os seus apoiadores. O volume diário de desinformação foi significativamente maior em 2020, quando foram classificadas como falsas ou distorcidas 1.582 declarações do presidente, uma média de 4,3 por dia.

Os pesquisadores entrevistados para o meu segundo livro, intitulado *Tempestade Perfeita: o bolsonarismo e a sindemia covid-19 no Brasil* (Contracorrente, 2021), apontaram quatro grandes áreas na composição de uma estratégia eficiente para combater a disseminação das notícias falsas e os seus efeitos deletérios junto à sociedade brasileira: (1) a intervenção técnica, nos aplicativos, nas redes sociais e plataformas de busca; (2) o jornalismo profissional e a verificação de fatos; a (3) educação midiática e a (4) criminalização das notícias falsas.

A intervenção técnica nas grandes empresas de tecnologia depende diretamente da capacidade que a sociedade civil tem de estruturar movimentos e ações sociais no sentido de estabelecer mecanismos de pressão para compelir estas companhias a adotarem modelos de negócios mais humanizados, éticos e transparentes. Ao longo do desenvolvimento da República Federativa do Brasil, diversos produtos, serviços e comportamentos vêm sendo regulados considerando os seus respectivos potenciais de oferecer risco aos cidadãos enquanto indivíduos ou ao desenvolvimento coletivo da nação. Parece seguro afirmar que este é definitivamente o caso dos serviços oferecidos pelas redes sociais digitais no começo do século XXI.

Evidentemente, o jornalismo e a verificação de fatos, principalmente com o cruzamento de informações no âmbito internacional, por meio de organizações como o *Instituto Poynter* e o *International Fact-Checking Network* (IFCN), por exemplo, exercem um papel fundamental no enfrentamento às notícias falsas.

Com a exacerbação dos populismos nacionalistas de diferentes líderes políticos que foram eleitos ao longo dos últimos anos em diversas partes do mundo utilizando a desinformação, o ódio e a internet, a verificação de fatos além das barreiras nacionais tornou-se uma necessidade imperativa no sentido de utilizar fontes plurais capazes de abstraír a polarização dos contextos domésticos de cada nação para discernir de forma menos enviesada as informações.

Terceiro ponto no argumento aqui elaborado, a educação midiática tem por objetivo instruir os usuários de internet sobre como se tornarem mais críticos ao avaliarem o conteúdo que recebem por meio das redes sociais. Diversos acadêmicos e veículos alternativos de comunicação, tais como a Agência Lupa, os sites *Aos Fatos, Fato ou Fake, Agência Pública, Fake Check* e muitos outros vêm dedicando seus esforços para esse fim.

Por fim, a criminalização é o caminho mais rápido e perigoso para deter os estragos causados pelas notícias falsas, porque a aplicação de legislações efetivas neste sentido pode criar mecanismos de censura, de restrição da atividade de comunicação da sociedade civil e do exercício da política institucional. Neste sentido, a criminalização é o aspecto mais sensível também. Atualmente, o Marco Civil da internet exige a determinação judicial para que determinado conteúdo seja removido da internet no Brasil. Assim, a judicialização da política, que é um dos principais eventos transnacionais desta era, também precisa ser considerada nesta discussão.

2 A ausência de regulação das plataformas digitais favorece a ascensão da extrema direita em todo o mundo. A lógica algorítmica das redes sociais tende a gerar bolhas e sistemas autocentrados de referência – elementos extremistas por definição. Como reagir ao fenômeno?

Acredito que a minha resposta à pergunta anterior introduziu a reflexão sobre este questionamento. Contudo, existe um aspecto central que eu gostaria de enfatizar neste ponto: em 2018, a chave da comunicação política no âmbito presidencial foi a formação de grupos de WhatsApp, que são capazes de evitar o algoritmo do Facebook para romper ou agravar as bolhas sociais tradicionais.

Em março de 2021, quando, por decisão do ministro do Supremo Tribunal Federal, Edson Fachin, o ex-presidente Lula reconquistou os seus direitos políticos e se tornou elegível, os grupos bolsonaristas no WhatsApp partiram novamente para a ofensiva com as mesmas estratégias de disseminação de elitismos histórico-culturais e desinformações. Por que, nesta medida, o WhatsApp, e em 2022, o Telegram, foram usados pela extrema direita global?

Porque são plataformas sem filtros, que não fazem a verificação da veracidade do material que está sendo veiculado e nas quais a comunicação acontece, primordialmente, por meio de "memes", áudios e vídeos, o que faz todo o sentido considerando uma nação de analfabetos funcionais, infelizmente.

Ou seja, o processo de verificação do material que está sendo disseminado é inexistente, porque se trata de um conteúdo muito simplista e raso, que, mesmo quando desmentido posteriormente, ainda consegue exercer o impacto psicológico desejado.

Rodrigo Ratier, jornalista e professor da Universidade de São Paulo, examinou as dinâmicas de estruturação, manutenção e expansão de grupos políticos de WhatsApp – com um total de 3.261 usuários e 63.709 mensagens – que foram criados para apoiar o presidente Jair Bolsonaro.

Segundo ele, no WhatsApp, pelo fato da criptografia do aplicativo não permitir qualquer tipo de controle social e regulação do que é transmitido, você tem as peças e desinformação mais agressivas, radicais e apócrifas.

Por isso, o WhatsApp é a rede social mais agressiva de todas neste sentido. O estudo de Ratier aponta para um "império opaco – estrutura ampla de disseminação de informações, organizada em rede e sem regulação quanto à natureza do conteúdo veiculado, que inclui variadas estratégias de desinformação".

Todas estas características tornam o WhatsApp uma ferramenta muito destrutiva quando o objetivo é deliberadamente espalhar notícias falsas. Combinada ao pensamento concreto, elitista e acrítico que foi estimulado durante o processo de educação elementar da maior parte da população brasileira até a presente data, a plataforma oferecida pelo WhatsApp configura a solução tecnológica perfeita para fazer a manutenção da ignorância de forma rasteira, apelativa e mantendo os indivíduos circunscritos às suas bolhas sociais, cada vez mais radicalizados e enriquecendo os gigantes de tecnologia do Vale do Silício.

Por exemplo, não seria possível disseminar a narrativa do "kit gay" – que estaria falaciosamente sendo usado pelo Partido dos Trabalhadores em escolas brasileiras durante as eleições de 2018 – via rádio ou televisão com a mesma eficiência. As dinâmicas são distintas. Mesmo outras redes sociais digitais, como o próprio Facebook ou o Twitter, não apresentam a mesma eficiência do WhatsApp neste sentido, porque são mais elaboradas e não funcionam de maneira tão unidimensional.

Essa unidimensionalidade e o empobrecimento subjetivo vão ao encontro da estrutura de raciocínio segundo a qual operam centenas de milhões de brasileiros: uma forma mais polarizada, reducionista e concreta de perceber o mundo, que foi forjada pelos canais abertos da televisão brasileira e quase nenhuma literatura. Por meio desse pensamento concreto, uma pessoa pode concluir que uma carroça e uma bicicleta são a mesma coisa, porque ambas possuem rodas, por exemplo.

Com um tipo de pensamento mais elaborado, que os psicólogos intitularam pensamento abstrato generalizador, o sujeito é capaz de entender as similaridades e diferenças entre os dois veículos para abstrair o que lhe for útil para compreender a complexidade da questão, neste caso, as diferenças entre a bicicleta e a carroça, apesar de as duas apresentarem rodas.

Em última análise e na prática, significa ser capaz de perceber a vida de uma maneira mais integral e elaborada. Em linhas gerais, os brasileiros passaram a segunda metade do século passado assistindo às telenovelas noturnas, aos programas de palco e jogos de futebol. Organizando a construção da sua realidade de forma concreta por meio de imagens e representações gráficas definidas que deixam pouquíssima margem para o raciocínio e a livre elaboração. Esse processo criou a fragilidade ideal para a proliferação da linguagem que o WhatsApp, o Telegram e os pastores evangélicos avançariam décadas mais tarde. Exatamente por esse motivo, a gestão Bolsonaro combateu de forma tão veemente a literatura e as universidades, que são as duas dimensões da vida social que mais estimulam o pensamento crítico abstrato por meio da constituição do conhecimento e da aquisição de cultura.

Além disso, a infraestrutura da internet no Brasil, assim como a de outros países em desenvolvimento, como a Índia, por exemplo, ainda é muito precária em alguns municípios e cara na comparação com outras nações. Consequentemente, as redes sociais que mais viralizam são as de baixíssimo custo, que não exigem banda larga ou o processamento de fotos, vídeos ou conteúdo mais pesados – em termos de dados – e ainda assim são extremamente capazes de avançar narrativas simplistas e eficazes quando o objetivo é desinformar deliberadamente. Neste contexto, acredito que a única forma de reagir a este fenômeno de forma adequada seria constituir a elaboração de um projeto de longo prazo que compreenda todos os aspectos considerados nessas duas questões.

3 Como analisa a importância das eleições em outubro de 2022 para o futuro do Brasil?

No primeiro semestre de 2022, após mais de três anos sob a égide do bolsonarismo, o Brasil finalmente encontrava-se no vórtice de uma tempestade perfeita: mais de 650 mil mortes em decorrência da pandemia, escândalos de corrupção e desvios do governo, um colapso econômico, com desemprego recorde, taxa de conversão do dólar estadunidense em R$ 5,61, o litro da gasolina ultrapassando a casa dos R$ 10 em alguns estados da Federação, o botijão de gás de cozinha de treze quilos em R$ 150 e assim por diante.

Independentemente de qual seja a orientação partidária ou política-ideológica, são inegáveis os fatos históricos e materiais que comprovam a devastação sem precedente que foi causada pelo governo Bolsonaro. Com a economia devastada, o segundo maior número de óbitos registrados em decorrência da covid-19 em todo o planeta, a explosão da violência, da criminalidade e da intolerância, escândalos de corrupção do governo federal, desavenças internas e externas de todas as ordens, todos os indicadores sociais apontando a deterioração dos padrões de vida e o desmatamento recorde das suas florestas e regiões de preservação, o Brasil viu-se confrontado com os efeitos práticos que utilizar o ódio, o medo e os elitismos histórico-culturais combinados às redes sociais digitais para eleger os seus líderes representativos acarretam, invariavelmente.

Assim, lamentavelmente para a nação brasileira, a ascensão do bolsonarismo ainda coincidiu com a pior pandemia do século. A crise da democracia brasileira, que foi deflagrada por Aécio Neves e a direita liberal a partir de 2014, ganhou corpo em 2016 com o golpe jurídico, midiático e parlamentar contra Dilma Rousseff e agravou-se com a ilegal inelegibilidade atribuída à Lula e a ascensão do bolsonarismo em 2018, entrou em 2022 no seu momento mais agudo.

O bolsonarismo é um regime autocrático, neofascista, que defende os interesses de uma classe hipercapitalista transnacional, ascendeu de forma ilegítima na esteira da infame Operação Lava Jato e tem por objetivo final desmontar a arquitetura constitucional do país para implementar uma espécie de teocracia miliciana de caráter dogmático religioso a favor da reprodução irrestrita do capital.

Bolsonaro vem ensaiando essa jogada há muito tempo. Ainda antes de ser eleito, disse, explicitamente, que fuzilaria opositores políticos. No dia 7 de setembro de 2021, convocou às ruas para afirmar que não acataria mais decisões de ministros do Supremo Tribunal Federal e deixou claro, por inúmeras vezes, que não aceitaria a derrota nas urnas em outubro de 2022. O bolsonarismo é uma espécie de monstro, em constante transformação, e que depende de uma metamorfose sombria, que o transforma em versões consecutivamente mais nefastas e abjetas para fazer a manutenção dos seus poderes. O que estamos presenciando neste momento é a etapa mais macabra e virulenta deste processo. A última chance de interromper a face mais obscura do bolsonarismo acontecerá durante o próximo pleito presidencial, em outubro de 2022, quando Bolsonaro deverá promover uma guerra nos moldes do que Donald

Trump fez durante a invasão do Capitólio estadunidense, no dia 6 de janeiro de 2021. Depois disso, caso Bolsonaro seja reeleito, as perdas e os danos perpetradas pelo bolsonarismo entre 2019 e 2022 serão apenas o começo da aberração que seguirá e o nazifascismo brasileiro estará plenamente consolidado.

Evitar esse processo é o mais urgente desafio da atual geração brasileira, mas não é o único. Os estados modernos, os ordenamentos jurídicos nacionais e, basicamente, toda a organização da vida social, principalmente nos países ocidentais, são frutos de um modelo de sociabilidade que vem sendo elaborado com base na expropriação e na usurpação das classes trabalhadoras, ou seja, pela lógica de reprodução do capital, que depende de crises recorrentes para fazer a manutenção das suas propriedades.

Assim, o bolsonarismo é a forma de expressão mais aguda desse modelo de sociabilidade capitalista no Brasil. Segundo Alysson Leandro Mascaro, "(...) o estado como o conhecemos é uma forma de organização sociopolítica do capital. Caso a democracia não seja mais interessante ao capital, essa força fará com que um golpe ou uma ditadura aconteça. Nesse contexto, surge o bolsonarismo".

Desta forma, para muito além de vencer o bolsonarismo em outubro de 2022, faz-se necessária a reorganização do modelo de sociabilidade que permite que movimentos desta ordem ascendam ao poder. É preciso, sobretudo, derrotar a racionalidade neoliberal que organiza os arranjos sociais com base nos princípios universais da competição irrestrita e, consequentemente, da desigualdade sem limites. No caso brasileiro, ainda temos o agravante do dogma religioso que vem se articulando no cerne da vida sociopolítica da nação.

Para tanto, no sentido de extrairmos valiosas lições sobre os nossos erros e como devemos proceder, precisamos olhar para as perdas e os danos causados pelos dois eventos mais deletérios e dolorosos que acometeram a nação brasileira durante as últimas décadas: o bolsonarismo e a crise da covid-19. Ambos demonstram, graficamente, que o modelo liberal fracassou. Caso falhemos nesse processo, o Brasil caminha para se tornar uma espécie de teocracia miliciana com um cariz muito forte do dogma religioso neopentecostal a favor da reprodução irrestrita do capital, principalmente a sua dimensão financeirizada e internacional. O desafio é imenso, mas a luta desta e das próximas gerações o superará. Vamos?

Daniel Munduruku

[Escritor e professor paraense, pertencente ao povo indígena Munduruku. Autor de 56 livros publicados por diversas editoras no Brasil e no exterior, a maioria classificados como literatura infantojuvenil e paradidáticos. É graduado em Filosofia e tem licenciatura em História e Psicologia. Além disso, é mestre e doutor em Educação pela USP – Universidade de São Paulo e tem pós-doutorado em Linguística pela Universidade Federal de São Carlos – UFSCar.]

1 Em seu trabalho, como pesquisador e como escritor, há um esforço fundamental para o resgate da memória das culturas indígenas e para o pleno reconhecimento da importância da literatura indígena.[1] O governo Bolsonaro declarou guerra aos grupos indígenas em favor do extrativismo selvagem e do garimpo ilegal. Qual poderá ser a contribuição das culturas indígenas na reconstrução do Brasil?

Houve muita destruição patrocinada pelo atual governo especialmente na área ambiental relacionada à exploração mineral, invasão dos territórios indígenas, liberação de agrotóxicos e enfraquecimento das instituições de proteção ligadas a este tema, com especial atenção à Funai. Acredito muito no potencial criativo dos povos indígenas para mitigar todos estes estragos por serem conhecedores da natureza e possuírem técnicas capazes de revigorar tanto a terra quanto as nascentes e rios. Chamar a sabedoria destes povos para um diálogo franco e aberto se faz urgente e necessário, pois creio ser a questão ambiental crucial para o desenvolvimento econômico do Brasil, especialmente em se tratando de manter a floresta em pé, por

---

1 Daniel Munduruku é um autor de numerosa obra, sobre o tema da memória indígena, ver, *O caráter educativo do movimento indígena brasileiro* (1970-1990). São Paulo: Paulinas, 2012.

se tratar de um patrimônio essencial para a manutenção da vida no planeta. Um novo governo tem que ter em mente que a grande moeda de negociação com os outros países passa pela soberania nacional sobre nossas riquezas naturais. Fazer isso implica em garantir o Brasil como o motor da própria humanidade e colocá-lo na vanguarda do desenvolvimento sustentável. Nesse sentido, o futuro será ancestral ou não será!

2 Mesmo antes da barbárie neoliberal, o Brasil formou-se por meio da exclusão das populações originárias. Em que medida, mais do que "reconstruir" não precisamos "refundar" o país. Nesse caso, quais seriam as contribuições das diversas culturas indígenas presentes no território brasileiro?

Tenho pensado que o Brasil é como um grande Titanic que foi atingido pelo iceberg chamado fascismo. Não tendo estrutura para se manter na superfície acabou afundando, enquanto alguns poucos imbecis aplaudiam dizendo que esse era o melhor caminho para se acabar com os defeitos que o barco possui. Supondo que outras pessoas irão passar a administrar o barco-Brasil, a primeira providência é tirá-lo do fundo do mar. Alçá-lo para a superfície e efetuar uma boa limpeza para que se torne apresentável e navegável novamente. Não creio, no entanto, que quem deva fazer isso sejam aqueles que sempre lutaram para manter o barco navegando.

Estou usando essa imagem para dizer que os povos indígenas não são responsáveis por este estado de coisas. Ainda que tratados de forma desumana, nossa gente nunca desistiu do Brasil e nunca desistirá. Podemos até ajudar a limpar o barco, mas não acho que a tarefa de refundar seja nossa. Este é mais um ônus que a gente acaba tendo sem ter nunca recebido bônus por tudo o que a gente já tem feito pelo Brasil. A gente pode, mas por qual preço?

3 Como analisa a importância das eleições em outubro de 2022 para o futuro do Brasil?

Entendo muito pouco de futuro. Sei, no entanto, que a democracia é um sistema que pode ser perfeitamente aperfeiçoado para que o Brasil possa dar passos largos para sua real concretização. Óbvio que precisamos limpá-lo de um pensamento fascista que foi tomando conta de nossos concidadãos de forma muito perigosa. Creio que as eleições de outubro serão um marco importante para entender o que vem pela frente. Desejo eu que elas tragam de volta a paz e a harmonia necessárias para que possamos avançar na construção de nossa democracia com o devido respeito à liberdade individual e às instituições que garantem sua praticidade; que os novos governantes cheguem com a vontade de retomar o crescimento econômico, o desenvolvimento sustentável, a valorização da cultura e o compromisso em reconhecer os povos indígenas como guardiões mais fiéis e que esta fidelidade seja transformada em demarcação dos territórios e o reconhecimento dos saberes da tradição.

Sei que não há muitos candidatos com esse perfil, mas acredito num projeto nacional de desenvolvimento capaz de olhar para todos os "cantos" do Brasil.

Eliana Alves Cruz

[Carioca. Escritora, roteirista e jornalista pós-graduada em Comunicação Empresarial. Publicou os romances *Água de barrela* (2016), *O crime do cais do Valongo* (2018), *Nada digo de ti que em ti não veja* (2020) e *Solitária* (2022).]

1 Seu último romance, *Solitária*,[1] tem como título um jogo de palavras perturbador, mas, no fundo, também esperançoso. *Solitária*: Eunice, sozinha e confinada num cubículo-prisão. *Solitária*: aprender a cuidar de si, pela primeira vez, solidão como autoconhecimento e não mais invisibilidade. Sem enfrentar e superar o racismo, como construir a utopia de uma Nação-Brasil?

Há que se perguntar, antes de qualquer coisa, de qual utopia estamos falando. Esta palavra, em essência, diz de algo desejado, mas de antemão sabido como inatingível. Talvez não precisemos de um país utópico, mas de um chão real e possível dentro da nossa pluralidade e dos acréscimos vindos de tantas partes.

Não há como saber sobre a nação que se deseja, sem que não nos olhemos no espelho de forma menos idealizadora, mas reconhecedora do que verdadeiramente somos. Sem isso seguiremos como tem sido desde há cinco séculos, ou seja, acreditando em um país que não existe. Uma nação que tem sua imagem construída a partir da soma de uma historiografia ocultadora da riqueza das pessoas que a ergueram e do mundo das letras, que ficcionaliza o país a partir desta percepção enviesada.

1 Eliana Alves Cruz. *Solitária*. São Paulo: Companhia das Letras, 2022.

Assim, a receita de como tentar construir um ideal de país sem enfrentar esta questão crucial nós já temos. E, obviamente, não está dando certo.

O Brasil já existe há tempo suficiente para que seus cidadãos e cidadãs se deem conta de que não existe e não existirá direito nenhum adquirido que seja eterno, que não precise da vigilância e da observância constante de seus efeitos na prática, para que sejam realmente instrumentos de promoção social e não o contrário.

A luta de combate ao racismo é uma questão mundial, mas em solo brasileiro assume contornos muito peculiares. Este combate lida com práticas e ações racistas pesadas na mesma medida em que são veladas, amalgamadas com um cotidiano que normalizou o absurdo da exclusão, do adoecimento mental, da desumanização encruada numa linguagem estruturada para manter, aprofundar e passar a ideia de imutáveis as relações de poder que sempre pautaram a vida brasileira.

Olhando para trás em nossa trajetória, é possível pensar que o Estado brasileiro sempre buscou um modelo para emular. Primeiro a colônia e depois outras nações igualmente colonizadoras. Formas que jamais se encaixariam em um povo multiétnico, com pertencimentos vários. Esta tentativa de encaixar um objeto redondo em um molde quadrado ou vice-versa é, sem sombra de dúvida, violentíssimo. Talvez esta seja a raiz mais funda de algo que uma multidão de pessoas sente no Brasil: uma sensação doentia de inadequação e solidão.

O livro *Solitária* é, na verdade, a busca de escalar a mesma montanha por um flanco diferente, pois uma Nação-Brasil somente existirá depois do mergulho que fizermos nas nossas solitárias em busca do autoconhecimento, da autoestima e das formas de construir pontes ao invés de cavar ainda mais fundos as crateras já tão alargadas.

2 Em *Solitária*, há uma relação tensa, mas profundamente amorosa entre mãe e filha, Eunice e Mabel. "Aceitação" e rebeldia se confrontam nos seus diálogos, cuja reconciliação depende do amor que as une. O governo Bolsonaro representou um enorme retrocesso nas políticas públicas dedicadas ao combate de toda forma de desigualdade e discriminação. Como reconstruir os laços na luta contra o racismo depois dessa autêntica arquitetura da destruição?

Um dos principais pilares da dignidade humana derrubados pelo autoritarismo é a memória. Sem esquecer, ninguém adere. Sem o esquecimento de si, de suas origens, do próprio sentido de humanidade... Sem a "lavagem mental" que desconecta primeiro a pessoa dela mesma — ao ponto de que não se importe em ser tratada como ser humano de segunda categoria ou menos — e depois dos seus reais afetos, não há o sucesso de um sistema que deseja perdurar pela imposição violenta. Desta forma, é preciso encontrar meios de retornar do poço do esquecimento.

No livro, Eunice e Mabel estão de tal forma submersas na lógica vigente na casa dos patrões, que se perdem primeiro de si mesmas e depois uma da outra. O esquema que semeia falsa afetividade e empatia fingida para colher subserviência e gratidão; que barganha condições de trabalho; que para algumas pessoas faz desaparecer as fronteiras entre infância, juventude e vida adulta e para outras eterniza o primeiro estágio da vida; o sistema que busca aniquilar qualquer reação ou menção de não conformismo; todo esse mecanismo é uma enorme moenda a triturar possibilidades de existência e, principalmente, de futuro.

Em *Solitária*, Mabel é o resultado de uma geração que minimamente conseguiu enxergar que não precisa seguir nas mesmas posições dos pais justamente porque políticas públicas de um passado recente deram possibilidades concretas e oportunidades, mas principalmente porque a geração da mãe e anteriores estão numa busca frenética por liberdade e afirmação há séculos.

Mabel consegue enxergar valor nos conhecimentos da avó, por exemplo, porque foi instada a olhar para sua ancestralidade como algo precioso, como episteme, como conhecimento real. E isto foi largamente difundido pela geração de pessoas negras que acessou às universidades de forma mais massiva e demandou destas instituições conteúdo que as contemplasse, forçando a valorização de autores, autoras, pensadoras e pensadores de um modelo de nação que não mais precisasse confinar pessoas em "solitárias" para servir a outras. Mentes que forçassem o grupo dos que são servidos a olhar no fundo do olho de seu gigante e secular privilégio.

Não é fácil encarar o passado. Não é fácil descender de quem foi escravizado e tão pouco dos que escravizaram, mas aqui estamos e se não é tarefa simples encarar o que nos trouxe até aqui, também não é entender que essas coisas nos formaram.

Por causa da filha, Eunice precisou encarar suas próprias contradições e ver que ela também carregava sequelas de toda esta longa trajetória de país. Elas conseguiram primeiro se olhar, em seguida se estranhar, depois reconhecer o tempo uma da outra e, por fim, atar ainda mais fortemente os laços que as unia: um amor intenso e imenso.

Eunice e Mabel, com todos os percalços, conseguiram o que a maioria brasileira não representada nos espaços de poder precisa fazer: lembrar.

3 Como analisa a importância das eleições em outubro de 2022 para o futuro do Brasil?

Creio ser impossível falar das eleições de 2022 sem falar das que vieram antes, 2018, pois foram um marco muito importante para a história do Brasil. Aquele momento significou a ultrapassagem de fronteiras perigosas e negligenciadas por uma parcela significativa da elite intelectual que, paradoxalmente, se dizia contrária ao que a ascensão de Jair Bolsonaro sinalizava.

Os anos que antecederam 2018 foram caracterizados não por uma escalada, mas por uma descida em direção ao fundo de um abismo que parecia não ter fim do conservadorismo mais bruto, da luta de classes mais encarniçada, do reacionarismo e do racismo despudorados. Uma espécie de fossa aberta por onde escaparam todas as podridões do Brasil que muita gente teimava em evitar porque cheirava mal demais.

O resultado foram 57.737.847 milhões de votos que elevaram a crueldade ao estado de arte por quatro longuíssimos anos. Quarenta e oito meses em que olhamos para o precipício, ele olhou de volta e nos tragou a todos e todas para o centro desta espécie de cratera sem luz, sem esperança para quem está fora de determinado círculo idealizado por este Brasil ainda tão afeito aos valores vigentes nos séculos da colonização... mesmo para os que estavam entre os 57 milhões de votantes!

Finalmente parecia que o fim do mundo, como bem diria o escritor Ailton Krenak, tinha chegado mais uma vez. No entanto, agora não apenas para as populações indígenas; mas para as periferias mais empobrecidas; para as comunidades negras; para uma classe média que se julgava parte dos ricos, mas que não passava de uma espécie de "pobres vips"; para as mulheres; a comunidade LGBTQIAP+ e, enfim, todos, todas e todes que não se enquadravam nos moldes de um país que também apresentava contornos — vejam, que irônico — fundamentalistas.

Considerando este breve retrospecto, falar em democracia tem parecido sempre algo muito no terreno da imaginação, pois na prática ela tem sido violada sistematicamente, com intencionalidade e método.

Finalmente chegamos às eleições de 2022, em que estamos diante de uma destruição sem precedentes do meio ambiente, das políticas públicas, da autoestima e da vida da nação brasileira. Presentear o atual governo com mais um mandato significará o mesmo que assinar uma autorização para que se instale um governo autoritário de fato, sem dissimulações e meias palavras.

Esta é a hora da verdade. Não há mais ilusões. Não há mais disfarces ou motivos para acreditar na mudança de padrões de pensamentos que, a bem da honestidade, são expostos publicamente por Jair Bolsonaro e os que o cercam há nada menos que três décadas!

Não será fácil. Forças tão famintas por aniquilamento do que consideram descartável e, mais que isso, obstáculo para um progresso moldado para o ganho de poucos em detrimento de muitos, não sairão de cena com tranquilidade.

Estes quatro eternos, cansativos e tristes anos forjaram uma linha de pensamento cuja argamassa é a brutalidade, o sangue, o terror, a pouca higiene verbal. E quando falo de "verbo sujo" não é do ponto de vista moralista que condena palavrões, mas no sentido da palavra proferida para desumanizar e retirar direitos que promovem a igualdade.

O que espero para as eleições de 2022 é mais que resistência. É uma afirmação potente de existência. Anseio por um resultado que diga que estamos cansados, estamos exaustas, mas não estamos desistentes do país que desejamos. Espero que a eleição eleve ao poder outras forças e que elas se empenhem e se comprometam a dar passos adiante sem cair nas mesmas armadilhas de sempre. Que fujam daquele precipício e corram para bem longe.

Espero, com toda a plenitude da alma, não que seja a reinauguração de uma nação, mas que comecemos o urgente trabalho de construir outra. Completamente outra!

É hora de pensar (de ousar imaginar!) e erguer outro país.

Eugênio Bucci

[Jornalista e professor titular da ECA-USP, é articulista da Seção Espaço Aberto do jornal *O Estado de S. Paulo*. Exerce atualmente as funções de Superintendente de Comunicação Social da USP e Coordenador Acadêmico da Cátedra Oscar Sala, no Instituto de Estudos Avançados da mesma universidade. Escreveu, entre outros livros, *A superindústria do imaginário* (Autêntica, 2021), *Existe democracia sem verdade factual?* (Estação das Letras e Cores, 2019), *A forma bruta dos protestos* (Companhia das Letras, 2016) e *O estado de narciso* (Companhia das Letras, 2015).]

1 Como analisa a importância das notícias falsas (*fake news*) e das teorias conspiratórias no atual cenário político nacional? Pode existir democracia sem verdade factual?[1]

A desinformação que nos aprisiona tem características mais amplas e mais profundas do que se imagina. Não se trata apenas de ondas de boataria ou de mentiras caluniosas. Não estamos enfrentando uma simples somatória de notícias fraudulentas (ou *fake news*), que podem ser desmentidas por agências de checagem de fatos – o *fact checking*, como se diz, virou uma atividade prioritária para a instituição da imprensa e para as redações que se prezem, mas não é o bastante para deter a escalada de mentiras.

Vivemos hoje sob uma indústria poderosa, ou, mais propriamente, uma superindústria que, ao tempo que dissemina ódio, terror e teorias conspiratórias, desmoraliza a política, sabota a instituição da Justiça e desmantela a credibilidade das fontes do saber, como ciência e universidade. As casas do conhecimento e do pensamento sofrem uma desmoralização ininterrupta e perversa.

A desinformação funciona como uma espécie de guerra permanente contra a cultura, contra o acervo vivo de ideias, práticas

1 Eugênio Bucci. *Existe democracia sem verdade factual*? São Paulo: Estação das Letras e Cores, 2019.

sociais e valores éticos que a civilização gera e faz gerar. É uma cruzada contra toda utopia generosa, uma perseguição sem tréguas contra as artes e contra qualquer respiro de liberdade, por mínimo que seja.

É comum ouvirmos que a proliferação dos discursos que desinformam engana a razão e obstrui o acesso de cada pessoa ao conhecimento dos fatos. O diagnóstico procede; sem a menor dúvida, no rumor que semeia a confusão, o irracionalismo triunfa sobre a sensatez. Mas há que se considerar outros aspectos. A engrenagem que sabota o pensamento consegue enredar o sujeito não porque desativa o que nele existe de racional, mas principalmente por instrumentalizar o que nele pulsa como desejo. Por esse motivo preciso, as técnicas de desmentir as *fake news* com base na verificação criteriosa dos acontecimentos, ainda que essenciais, ainda que indispensáveis, são limitadas – elas têm uma eficácia restrita porque o adesivo mais potente que engaja as multidões na propagação das fraudes informativas não tem raízes na razão, mas no desejo. Em outras palavras o que estou dizendo é que o nosso problema está num fato desconcertante: as massas desejam com ardor a desinformação que as degrada. E desejam por quê? Ora, porque os principais agenciadores da mentira sabem dar guarida ao ressentimento e são hábeis em culpar inimigos fictícios pelas infelicidades de cada pessoa diluída dentro da grande massa. O fanatismo conforta, sobretudo quando é processado em escala superindustrial.

As estratégias que desinformam tiram proveito de uma aliança virtualmente inquebrantável que se estabeleceu entre o mercado do divertimento público (o entretenimento) e o fascismo desembestado. Não falo aqui do modelo histórico do fascismo italiano de cem anos atrás, mas de algo próximo do "ur-fascismo" (ou "fascismo eterno") que foi descrito por Umberto Eco. O "ur-fascismo" tem, entre outros traços característicos, o irracionalismo e o ódio à cultura. É ele que se aliou ao entretenimento – e a desinformação brota como lava pestilenta das entranhas dessa aliança.

As malhas comunicacionais pelas quais os pacotes da desinformação trafegam – com exuberância e desenvoltura – interpelam o desejo, não mais a necessidade (e muito menos a razão). Aos poucos, os processos dialógicos se amofinam no interior da esfera pública. Como resultado, a diferença entre fato e opinião desaparece. Os agentes ensandecidos que aderem ao gozo da desinformação não precisam mais distinguir o juízo de fato do juízo de valor. A política perde o viço e vai sendo substituída pelo fanatismo. A democracia, virada pelo avesso, dá lugar à idolatria de tiranos ou de aspirantes a tiranos.

Esse é o mundo das tais *fake news*, um mundo fabricado superindustrialmente. Nele, a democracia tem dificuldades inéditas de prosperar ou mesmo de sobreviver, pois a única chance da democracia passa pela observância da verdade factual (nos termos de Hannah Arendt), que só pode ser acessada por meio da razão. Estamos em meio a uma crise de fundamentos racionais ou, mais precisamente, uma crise geral da episteme. A nossa capacidade de pensar, de cultivar o espírito e, acima disso, de formular ideias coletivamente foram postas diante da possibilidade do seu desaparecimento.

2 A Revolução Digital, associada ao Capital, em seus termos, implica uma "superindústria do imaginário".[2] Como reinventar a pólis nesse contexto? Como pensar numa pólis possível em meio à pulsão antipolítica, definidora do avanço transnacional da extrema direita?

Ora, reinventar a pólis nada mais é que reinventar a política, ou reinventar o lugar coletivo, comum e compartilhado em que vive a

2 Eugênio Bucci. *A superindústria do imaginário: Como o capital transformou o olhar em trabalho e se apropriou de tudo que é visível*. Belo Horizonte: Autêntica, 2021.

política. E, como a política está inegavelmente sob ataque, nada mais tentador e necessário do que reinventar a pólis.

Mas situemos um pouco melhor o que podemos entender por política nesta hora. O que é a política se não uma interlocução inclusiva, com base em argumentos lógicos e no conhecimento dos fatos, para produzir coletivamente soluções para os problemas comuns? O que é a política se não o diálogo cujo resultado amplia a liberdade de todos e a de cada um? O que é a política se não um exercício contínuo de liberdade entre iguais? No nosso tempo, sobretudo depois da Declaração Universal dos Direitos Humanos, a política dá a forma social da convivência que tende à democracia, a tal ponto que o próprio entendimento de política se funde no entendimento de democracia.

Existem, é claro, maquinações de dominação que atendem a demandas de ditaduras. Há quem dê a isso o nome de política, ou uma política do arbítrio. Mas a verdade é que o nome não se presta muito bem a esse caso. Ditaduras apequenam a política, sobretudo quando funcionam. A política, quando apartada da democracia, perde o viço. Reinventar a pólis, então, implica radicalizar a ideia de uma política que não mais deve ser definida como um acordo entre uns para excluir outros (como na democracia grega, que não incluía as mulheres, os escravos e os trabalhadores ditos "livres"), ou um regime dominado pela sagacidade de um só (como o príncipe de Maquiavel), ou um ofício dos profissionais que administram assuntos públicos (como em Weber) – a política só pode ser concebida como o convívio que expande direitos e afirma cada ser humano como agente político pleno.

A Superindústria do Imaginário caminha no sentido oposto – mais do que caminha, avança na velocidade da luz. Sugando energias pulsionais, explorando o olhar como trabalho, ela promove o *habitat* comunicacional do narcisismo e de sua contraparte, o exibicionismo. Formam-se aí, quase que automaticamente, as tais bolhas, coagulações sem outros, coagulações de si mesmos diante de si mesmos, que se entreolham como quem se mira no espelho. Nesses espaços, as noções de interlocução, de diálogo, de direitos, de argumento ou de elaboração coletiva não encontram abrigo. Amputados de suas consciências, desmembrados do espírito, os sujeitos se aglomeram em massas passionais e pós-políticas.

Que, no Brasil da pandemia, exultassem em se amontoar fisicamente nas ruas sem máscara é apenas uma metáfora. Que tantos venerem a tirania em lugar da solidariedade, apenas um sintoma. Que cultuem armas e abominem livros, um escarro.

Se deixarmos os nossos destinos nas mãos dessa multidão adestrada na violência e de seus domadores da extrema direita antidemocrática, sobrevirá a morte da civilização. Quando bandos delirantes se ajoelham com fervor místico diante de líderes que se declaram contra a vacina, que amaldiçoam as urnas eletrônicas e enaltecem o desmatamento, o fanatismo usurpa mais um pedaço da política.

Pois então, se levarmos em conta que o obscurantismo se alastra por força das mídias sociais controladas pelos conglomerados monopolistas globais, que operam fora de qualquer regulação e sem limite, entenderemos um pouco mais sobre a aliança que une o entretenimento ao fascismo. O desejo é a liga. O capital é o senhor.

A retomada da política dependerá da adoção de marcos regulatórios (internacionalmente negociados) para deter o poder acumulado pelos conglomerados, assim como dependerá da mobilização dos setores que compreenderam a tragédia que se aproxima. Não podemos prosseguir desmobilizados e apáticos, meio em estado de choque. Reinventar a pólis é fazer política.

3 Como analisa a importância das eleições em outubro de 2022 para o futuro do Brasil?

As eleições de 2022 são o teste de resistência mais terrível que a nossa democracia já enfrentou desde a derrubada da ditadura militar. Nunca houve nada parecido, nem de longe. O chefe do executivo, o incumbente, o tal aí que também é candidato à reeleição, profere diariamente discursos que atentam contra os fundamentos do Estado Democrático de Direito. Diariamente, o tipo descumpre sem a menor cerimônia o seu dever de manter, defender e cumprir a Constituição, desobedecendo flagrantemente o juramento que fez ao tomar posse, com base no artigo 83, parágrafo primeiro, da própria Constituição. Setores apodrecidos das forças armadas e das polícias o acompanham em suas posturas intimidatórias.

O golpe está no ar. Os jornais falam disso todos os dias. As milícias nunca se refestelaram tão à vontade sobre territórios tão vastos. Na Amazônia, e não só lá, o crime dá as cartas e quem contesta leva bala. O presidente da República nada faz. O aparelho de Estado é desmontado a golpes de cassetete e à luz do dia. A deterioração da máquina pública chegou a tal nível que a simples realização das eleições será uma vitória. Que venhamos a ter eleições livres, limpas e seguras nesse caos em que a nação mergulhou é uma absoluta improbabilidade – e desesperadoramente necessário. Mas não negligenciemos a improbabilidade. Precisamos garantir que o improvável aconteça. O país inteiro vai se mexendo para isso. Que se mexa muito mais.

Pois nós precisaremos de muito mais. Além de fazermos acontecer as eleições, teremos de conquistar uma votação expressiva que dê conta de expulsar o atual presidente do Palácio do Planalto. Depois disso, ainda no fio do improvável, o vitorioso – um vitorioso da oposição – terá de tomar posse e restaurar o respeito à lei, assim como terá de restabelecer o funcionamento normal da administração federal. Se, por golpe, por intimidações violentas, por fraude informativa ou por manipulação – ou por tudo isso combinado –, o golpista se mantiver no poder, ai de nós.

Não obstante, uma certa conversa mole ainda resmunga por aí e por aqui. Conversa mole em conjuntura dura – isso pode furar a nossa oportunidade, o nosso barco. Aí você pergunta: e onde está a conversa mole? Eu respondo.

Para começar, a conversa mole está na peroração lamurienta dos que ficam forçando os fatos para criar a imagem de que nós somos uma sociedade "polarizada". Errado. O Brasil não é mais um país polarizado. Isso já foi. Isso já era. O Brasil era polarizado até 2018, mais ou menos. Hoje o bicho é outro.

Sim, é verdade que a dinâmica dos ambientes comunicacionais da Superindústria, ao favorecer a cultura de bolhas, imprime uma tendência geral de polarização. Isso é sabido e isso é real. Mas a situação brasileira avançou para além disso. O que temos agora, muito mais do que polarização, é um discurso e uma prática de moldes fascistas escarrados que, instalados no Estado, do alto do aparelho de Estado, despeja sobre a sociedade uma avalanche de pregações e atos que desumanizam tudo aquilo que alcançam. O Brasil sofre hoje um processo de fascistização acelerado. Mesmo que não deságue num golpe, esse processo deixará estragos persistentes na nossa cultura política. Não, não se trata de polarização, mas de fascistização.

Outra face da conversa mole está na insistência um tanto descabida de que existiria uma equivalência simétrica entre os crimes antidemocráticos da extrema direita, que hoje está no poder, e as estreitezas – algumas realmente lamentáveis – das esquerdas. Sim, existem erros de um lado e de outro, mas, no que mais importa, as esquerdas vêm atuando dentro dos marcos da institucionalidade democrática e não fazem apologia dos crimes de sangue, ao passo que a extrema direita mata e deixa matar. As esquerdas brasileiras, com todos os seus *déficits*, pertencem ao campo democrático e o sustentam. A extrema direita, antidemocrática, não.

Fiquemos atentos. Defendamos a legislação eleitoral. Defendamos as urnas eletrônicas. Fora das eleições de 2022, não teremos outra oportunidade de salvar o Brasil.

Evando Nascimento

[Escritor, professor universitário, ensaísta e artista visual. Ensinou na Universidade Federal de Juiz de Fora e na Université Stendhal de Grenoble. Em 2007, realizou um pós-doutorado em filosofia na Universidade Livre de Berlim. Publicou, entre diversos outros livros: *Derrida e a literatura* (É Realizações; traduzido na Argentina por La Cebra), *O pensamento vegetal: a literatura e as plantas* (Civilização Brasileira) e, como ficcionista, *Diários de Vincent: impressões do estrangeiro* (Circuito). Foi um dos curadores e palestrantes da Flip 2021: "Nhe'éry: a Literatura e as plantas".]

1 Seu livro recente, *O pensamento vegetal: a literatura e as plantas*,[1] propõe um novo olhar para entender as relações entre os viventes. Como avalia as políticas públicas do governo Bolsonaro no tocante ao meio ambiente?

A noção de "meio ambiente" tem sido bastante questionada nos últimos anos, pois dá uma falsa ideia de que vivemos num "meio" que nos antecede. Na verdade, nós humanos *fazemos* o meio em que vivemos e somos também *feitos* por ele. Além disso, a noção de "ambiente" dá a impressão de algo externo a nós, quando não há separação, em sentido estrito, entre os nossos e os outros corpos: toda autonomia é relativa, visto que o que ocorre internamente em cada um de nós tem repercussões fora, e tudo o que vem de fora de um modo ou de outro tem influência em nosso interior. Quero dizer com isso que, ao contrário do lugar comum que separa os "reinos" (animal, vegetal e mineral), dentro deles as espécies e os gêneros, e nestes os indivíduos, a existência se dá em fluxo contínuo, no qual tudo está relacionado. Tudo o que existe se influencia mutuamente, numa rede ininterrupta de relações complexas e diferenciais, que as

1 Evando Nascimento. *O pensamento vegetal: a literatura e as plantas*. Rio de Janeiro: Civilização Brasileira, 2021.

ciências procuram compreender e classificar, mas que não cessam de causar surpresas.

A partir dessa ideia mais geral, pode-se fazer um recorte, porém ainda de certo modo genérico, sobre o processo de "modernização" capitalista que se iniciou no chamado Ocidente e hoje se encontra espraiado em todo o globo, como o próprio termo "globalização" expressa. Nesse processo, que tem seus primórdios nas grandes navegações iniciadas por europeus no século XV, acreditou-se (alguns acreditam ainda) que os recursos ditos naturais do planeta eram inesgotáveis. Criou-se uma falsa oposição entre a finitude humana, de um lado, e a Natureza dadivosa e infinita do outro. Apenas a ideia de um Deus eterno, construído a nossa imagem e semelhança, reunia o humano ao universo natural através do mito de um paraíso perdido, a ser reconquistado no final dos tempos, quando alguns "eleitos" voltariam a ser imortais...

Se os portugueses do século XVI e XVII tivessem se dado conta da premonição funesta que foi a quase total extinção do pau-brasil ao longo de nossa costa, veriam, já naquele momento, que nenhum recurso natural é inesgotável. É muito sintomático que a árvore relacionada ao nome da futura nação tenha sido a primeira forma de exploração de um de nossos recursos, levando a seu esgotamento. Trata-se de caso paradigmático, o qual se repetirá nos séculos seguintes, no que diz respeito à fauna e à flora, mas também aos minérios. O chamado antropoceno, com o impacto das ações humanas capaz de afetar camadas da crosta terrestre, seria a expressão terminal desse processo.

Como sua pergunta se refere inicialmente a meu último livro de ensaios, *O Pensamento vegetal*, destaco um aspecto em que normalmente não se presta muito atenção: derrubamos com muito menos remorso árvores e plantas em geral do que matamos animais. De algum modo, nos reconhecemos como viventes nos bichos, porque a grande maioria tem olhos, bocas, narizes, pés e outros membros, alguns apenas devidamente renomeados como "bocarras", "focinhos", "patas" etc.. Já os vegetais nada têm que se nos assemelhem. Esse é um dos motivos para que não os identifiquemos como viventes propriamente ditos. Sintoma disso é que, nas línguas neolatinas, mas também em inglês e decerto noutros idiomas, o verbo "vegetar" e seus equivalentes significam estar num estado semi vivo ou em coma, quando em latim *vegetare* significava o oposto: animar, vivificar, fortalecer. Essa mudança radical de sentido não é fortuita mas estrutural: derrubar florestas e bosques é uma atividade relativamente fácil para grandes empresas madeireiras e para o agronegócio porque a planta parece não ter autonomia vital nenhuma, estando ali parada à disposição de nossa vontade soberana para sacrificá-la. No limite, isso é o sintoma mais grave do que chamo de *fitofobia*: o desprezo ou horror às plantas.

Quando em 2019, o Despresidente disse que não lhe interessava nem o indígena nem "a porra da árvore", estava expressando cabalmente o desprezo por nossas matas, florestas e congêneres, junto com os povos originários que aí habitam. E é esse desprezo que organiza sua política antiambiental, tão bem encarnada na figura sinistra do hoje ex-ministro Ricardo Salles, o qual na "célebre" reunião ministerial de 2020, reproduzida publicamente depois em vídeo, disse com clareza qual era o propósito maior de sua pasta: fazer "passar a boiada". Raramente o sentido literal e o sentido figurado estiveram tão bem associados numa frase: "passar a boiada" quer dizer, metaforicamente, uma forma de lograr seus intentos escusos, de modo que a sociedade só perceba quando o fato já está consumado. Mas o sentido literal era: vamos destruir a floresta amazônica, por exemplo, para que a boiada passe e ocupe o território devastado... Assim, os incêndios na Amazônia e no Pantanal, como noutras partes do vasto território brasileiro, se disseminaram a partir de 2019 por conta dessa política *fitocida*: o genocídio premeditado das reservas florestais e afins.

Não surpreende, portanto, o resultado escabroso obtido por dois institutos de pesquisa e divulgado em 19 de julho último. O Sistema de Alerta de Desmatamento (SAD), do Instituto de Homem e Meio Ambiente da Amazônia (Imazon), indica que a Amazônia viveu seu pior semestre dos últimos 15 anos em 2022. Já segundo o Relatório Anual de Desmatamento do Brasil do MapBiomas, de 2019 a 2021 o país teve 42 mil km^2 de área desmatada, algo bem próximo da extensão do estado do Rio, que é de 43 mil km^2. A agropecuária é a principal responsável pelo desmatamento ilegal: 97% dos casos, seguida por mineração, grilagem e expansão urbana. Em resumo, sob os desmandos de Bolsonaro, a "boiada" está literalmente passando sem nenhum tipo de contenção, ao contrário, com grande incentivo federal.

2 O governo Bolsonaro lança mão da guerra cultural para manter sua base de apoio mobilizada. No entanto, esse mesmo governo decretou guerra à cultura! Como a literatura pode oferecer alternativas à barbárie neoliberal?

Guerra cultural e guerra à cultura me parecem expressões correlatas, porém não sinônimas. Utilizado por especialistas em suas análises, o sintagma "guerra cultural" expressa o desejo de pôr abaixo todas as formas e valores que a civilização democrática, em suas múltiplas variações, ergueu ao longo dos séculos, em particular em países ocidentais, mas não exclusivamente neles, é claro. Não há como aprofundar aqui, mas no livro *Guerra cultural e retórica do ódio*,[2] como em diversos outros que abordam a questão, há o consenso de que nas últimas décadas emergiu um conjunto de mentalidades e práticas associadas a estratégias da extrema direita, a *alt-right*, como chamam os anglófonos.

2 João Cezar de Castro Rocha. *Guerra cultural e retórica do ódio*. Goiânia: Editora Caminhos, 2021.

Se a direita clássica, encarnada à perfeição nos Estados Unidos por Ronald Reagan e na Inglaterra por Margareth Thatcher, tinha certa elegância nefasta no modo como conduziam seus governos extremamente conservadores, promovendo guerras dentro de uma "lógica" belicista ocidental (mesmo assim absurda, como qualquer cultura bélica), a extrema direita dispensa elegância, argumentos e sofisticação para atingir seus fins. Veio assim a público o comportamento de toda uma parte da população mundial, que tinha sido refreado durante décadas por causa do "mau exemplo" nazista, o qual recebeu punição não propriamente exemplar, mas suficiente para desmoralizar seus agentes.

Com o advento da internet, e sobretudo com a incrementação das redes sociais (em muitos aspectos, na verdade "associais"), essa população extremista encontrou seus representantes e, mais do que isso, passou a representar a si mesma. Na medida em que Facebook, Twitter, Telegram, Youtube e equivalentes são plataformas de grande alcance, nas quais qualquer pessoa pode ter uma conta e divulgar o que bem entende, com pouco ou nenhum controle, todo cidadão que se acha "do bem" virou uma autoridade absoluta em cultura e em política.

Todo extremista acha que sabe tudo sobre qualquer assunto, desde que seus valores estejam em causa (e de algum modo sempre estão). Não por acaso, a educação, que é o primeiro vetor decisivo na preparação formal da cidadania, é sistematicamente atacada, com pautas que vão do pseudo kit gay até o nada inocente *Homeschooling*, ou seja, a educação domiciliar, a cargo dos próprios pais e/ou parentes das crianças, a fim de melhor doutriná-las ideologicamente.

Com o ataque à educação, é todo o edifício cultural que fica abalado. Claro que sempre existiram e existirão culturas populares, a maior parte de extração oral, que independem de qualquer formação oficial e podem sobreviver aos ataques extremistas. Porém até mesmo elementos congeniais à civilização brasileira, como o carnaval, o samba e os cultos de origem africana, entre outros, se tornam objeto preferencial da fúria neofascista, em particular dos grupos religiosos neopentecostais. Nada que signifique consolidação democrática e civilizacional escapa à mira de alvo (literalmente) bolsonarista. Não por acaso, quando de sua primeira viagem aos EUA, o Despresidente se autodeclarou incumbido por Deus para "desconstruir" (*sic!*) o edifício cultural brasileiro... E tem cumprido sua missão com esmero, obtendo bastante "êxito" nas esferas das ciências, da literatura e das artes.

É nesse ponto que *guerra cultural* (conflito deflagrado em defesa dos próprios valores, contra todos os outros existentes, com máxima intolerância) e *guerra à cultura* se encontram. É fundamental atacar e desmontar toda e qualquer formação cultural que ajude a preservar as tradições antigas e recentes das diversas populações brasileiras: cinema, teatro, artes plásticas, arquitetura, urbanismo, culturas afrodescendentes, culturas indígenas e tudo o mais precisam ser dilapidados com urgência, para não atrapalhar o projeto devastador em curso. É como se somente o rodeio e suas atrocidades merecessem o apoio "desgovernamental", como de fato ocorre.

A literatura entra nesse quadro devastador como um dos elementos primordiais a serem demolidos. As várias tentativas de taxar o livro – num país em que já se atingiu o patamar de qualquer publicação livresca custar no mínimo inacreditáveis sessenta reais (!) – implicam dar um golpe mortal na cultura literária. Se o tripé que sustenta a poesia, segundo se atribuiu a Cícero (educar, deleitar e comover), é o que torna a literatura universalmente reconhecida como um de nossos maiores bens, o texto literário é o menos tolerável num estado de exceção. Será preciso lembrar a censura sistemática e arbitrária impetrada contra diversos autores e obras durante a ditadura militar? Isso ainda não se tornou possível sob esse desgoverno porque a censura ainda não foi restaurada. Porém volta e meia há um juiz disposto a burlar a própria lei, atendendo aos desmandos extremistas. Se, como defendia o pensador franco-argelino Jacques Derrida, a literatura é *essa estranha instituição* que permite *dizer tudo*, sua prática e sua recepção se tornam inconciliáveis com um regime antidemocrático. Como escritor, ensaísta e professor universitário, penso que defender a literatura é uma das formas inequívocas de proteger a democracia.

3 Como analisa a importância das eleições em outubro de 2022 para o futuro do Brasil?

Respondo essa questão em 20 de julho de 2022. É fundamental marcar essa data porque daqui até o dia 2 de outubro diversos eventos perigosos para a democracia acontecerão. Aliás, o golpe já foi anunciado pelo Despresidente dois dias atrás, perante uma plateia de Embaixadores de diversos países. Segundo o mandatário autocrata, as eleições *já* foram fraudadas *antes* mesmo de acontecerem – sublinho a potência ameaçadora do "já". Ou seja, trata-se de um golpe de estado anunciado: se o Tribunal Superior Eleitoral não se curvar às exigências do chefe do Executivo e dos militares instalados no poder, para realizar eleições segundo seus próprios caprichos, o sufrágio será dado como ilegítimo e até "ilícito" caso venha a acontecer... É algo pior do que ocorreu nos Estados Unidos, pois Donald Trump, embora fizesse a campanha contra as eleições antes mesmo de terem lugar, ao menos aguardou a derrota para deslegitimá-las cabalmente, incitando sua turba a invadir o Capitólio, como de fato sucedeu, deixando um saldo de mortos.

O senhor Jair Bolsonaro fez em 2018 uma campanha na qual contou com a ajuda providencial do Supremo Tribunal Federal, que inviabilizou a candidatura de Luiz Inácio Lula da Silva, e do ex-juiz Sérgio Moro, que liberou às vésperas das eleições parte da delação gravada por Antônio Palocci contra o governo petista, delação que não tinha validade judicial, mas prejudicou gravemente a campanha de Haddad. Todo o histórico da operação Lava-Jato, por mais que em alguns aspectos tivesse validade empírica e jurídica, se tornou um grande julgamento contra os governos presidenciais de esquerda, embora outros partidos fossem também atingidos. A facada no comício em Juiz de Fora e toda a comoção promovida nacionalmente pela grande mídia também impulsionaram Bolsonaro no caminho da vitória. Porém isso não bastou para satisfazê-lo, pois assim que assumiu o mandato, começou nova campanha, já com vistas à sua reeleição: passou a divulgar a notícia falsa (numa cadeia sistemática de *fake news* vindouras) segundo a qual as eleições de 2018 foram fraudadas, pois se tivessem sido legítimas ele teria vencido no primeiro turno. A partir disso, tem feito tudo, com os capangas militares e demais ministros, para desqualificar as urnas eletrônicas, sem jamais apresentar uma prova sequer da fraude. Eles defendem, portanto, o voto auditável em papel. Ora, o voto analógico jamais impediu que houvesse fraude no Brasil ou no exterior, pois, como outros sistemas, é falível e necessita do máximo de controle para impedir ilegalidades. Já o voto eletrônico, como acontece em diversos países, se mostrou extremamente eficaz, e até hoje não foram comprovadas situações fraudulentas nos diversos pleitos.

Está claro que a estratégia do Despresidente e de seus colaboradores não é promover eleições mais justas e transparentes, pois não há prova de que as dos últimos anos não o foram. Seu intento é desqualificar as próprias eleições como um dos instrumentos mais decisivos para a consolidação do estado democrático. Noutras palavras, a intenção mal disfarçada é o oposto do que cinicamente se declara: é gerar o máximo de instabilidade institucional, deslegitimando sobretudo o poder judiciário, na figura de seus representantes no TSE e no STF, a fim de abrir caminho para suspender ou anular as eleições, instaurando-se "oficialmente" o estado de exceção. Estado de exceção em que de algum modo já vivemos nos últimos quatro anos, durante os quais uma *pandemia viral* veio se juntar a uma "pandemia política": não houve nenhuma instituição republicana que não tenha sofrido forte abalo nas gestões federais implantadas a partir de 2019. Rigorosamente tudo tem sido feito para submeter e aparelhar sobretudo os organismos e empresas responsáveis pelo funcionamento regular da sociedade civil: Congresso Nacional, Procuradoria Geral da União, Advocacia Geral da União, Funai, Polícia Federal, Correios, Petrobras – a lista é quase interminável.

Nesse período, dois valores máximos têm se confrontado de um modo como só tinha acontecido durante a ditadura militar: de um lado, uma forma de autoritarismo que desestabiliza não apenas a administração e a regulação jurídica do país, mas também fomenta a violência nas relações sociais e de parentesco. Se o golpe de 2016, falsamente nomeado como "impeachment", já tinha rachado o país em dois – com a luta furiosa dos antipetistas contra todo o sistema político, no que se consolidou como "antipolítica" –, o desgoverno atual acentuou mais ainda essa fissura sociopolítica, fomentando o apoio de milhões de pessoas contra qualquer valor republicano consagrado. O fanatismo político, frequentemente associado ao fanatismo religioso de alguns grupos evangélicos, passou a afrontar qualquer autoridade que se ponha a serviço da democracia. De outro lado, temos os *valores democráticos*, defendidos de forma diversa por grupos distintos: políticos de esquerda e de direita, órgãos de imprensa supostamente livres e independentes, artistas, intelectuais, professores, funcionários públicos, empresários, grupos indígenas, movimentos negros, feministas e população em geral que não se dobrou aos ditames do autocrata. O pior efeito dessa confrontação extremistas x democratas é colocar todos os que defendem o estado democrático numa situação marginalizada, na defensiva, como se fôssemos os culpados pelo caos que o bolsonarismo voluntariamente provoca. É um efeito perverso que tem gerado depressão e paralisia na sociedade civil, quando ela mais precisa de suas energias vitais para derrotar o projeto ditatorial em curso.

E é nesse sentido que as eleições, bem como todo o processo que as antecede e sucede, são um ponto decisivo para se afirmar a resistência contra o neofascismo oficial, abrindo perspectivas para a restauração de um mínimo de normalidade cívica. Uma coisa está muito clara: ao contrário do que pensam alguns oposicionistas, não é apenas a vitória de Lula ou de outro candidato diferente do (des)mandatário atual que vai garantir o estado de direito. Pois é o processo eleitoral em todas as suas etapas que está sendo minado. De modo que, ou a sociedade e seus representantes se mobilizam para conter a vaga autoritária crescente, ou antes mesmo de as eleições acontecerem em 2 de outubro nossa democracia já terá morrido, como algumas publicações recentes diagnosticaram noutros países.

Em resumo: não se trata apenas de vencer no primeiro turno, mas sim de criar condições que inviabilizem o golpe de estado como morte anunciada de nossa fragílima democracia. Um golpe já antecipado pelo golpe de 2016, o qual ocorreu sem derramamento de sangue e sem intervenção militar, baseando-se apenas em argumentos pseudo constitucionais, com apoio da grande mídia, do STF e de magistrados, do empresariado, de parte da população e de vasta gama de políticos da esquerda antipetista, do centro, da direita e da extrema direita. Mas quem triunfou mesmo no pavoroso espetáculo do "impeachment" – frontalmente criticado pela mídia internacional, que não hesitou em acusar o golpe – foram os extremistas que hoje nos desgovernam. Foi ali que começou o suicídio coletivo da democracia à brasileira, hoje em seus estertores finais, mas ainda com alguma chance de reversão. A História está repleta de lições, o problema é que em geral não nos damos ao trabalho de interpretá-las.

José Miguel Wisnik

[Professor sênior de Literatura Brasileira na Universidade de São Paulo, ensaísta e músico. Entre seus livros publicados encontram-se *O som e o sentido – Uma outra história das músicas* (1989), *Sem receita – Ensaios e canções* (2004), *Machado maxixe – O caso Pestana* (2008), *Veneno remédio – o futebol e o Brasil* (2008) e *Maquinação do mundo – Drummond e a mineração* (2018).]

1 O extrativismo selvagem foi objeto de estudo de seu livro *Maquinação do mundo: Drummond e a mineração.*[1] No governo Bolsonaro, a prática tornou-se verdadeira política pública, devastando o país como um todo. Como resistir a tal arquitetura da destruição?

A devastação ambiental é um processo de grande escala que se acelerou no século XX, em dimensão mundial, solapando florestas, rios, montanhas, a atmosfera, as muitas espécies viventes, a vida humana e seu alcance holístico. É uma corrida à produção de mercadorias, turbinada por dispositivos de prospecção, de exploração e de extração que converteram o mundo inteiro no grande estoque e no canteiro de obras revirado e afetado por essas operações, como se o planeta pudesse ser usado indiscriminadamente e descartado depois disso.

No Brasil, a extração mineral tem, historicamente, um caráter emblemático. O riquíssimo tesouro de bens materiais e imateriais de Minas Gerais foi sendo ocupado e devastado, ao longo de décadas, por uma mineração voraz e predadora na base. Essa ocupação predatória se deu historicamente com a instalação de dispositivos de extração garantidos por expedientes de manipulação

1 José Miguel Wisnik. *Maquinação do mundo: Drummond e a mineração.* São Paulo: Companhia das Letras, 2018.

servindo sempre para dissolver, desativar e dissuadir resistências, reivindicações de segurança, garantias necessárias e discussão de contrapartidas. O poeta Carlos Drummond de Andrade denunciou até a exaustão, há mais de 60 anos, o caráter deletério dessa intervenção e a "comédia embromatória" que a acompanhava, sempre que se tentava questioná-la. É essa longa história de práticas sistemáticas de oportunismo dirigido pela otimização dos lucros e pela mistura explosiva de cegueira com má-fé que desemboca nas catástrofes de Mariana e Brumadinho, crime socioambiental cujos procedimentos reparatórios e punitivos, passados os anos, padecem dos mesmos efeitos postergadores da tragédia (mais do que comédia) embromatória a que se referia o poeta.

Tal cenário, correspondente a uma economia do saque e instaurado historicamente segundo a lógica empresarial capitalista, é aprofundado e agravado no desgoverno atual. Num primeiro plano, alardeia-se e promove-se a flexibilização de licenças ambientais, junto com a franca desqualificação da questão ecológica e a paralisia dos órgãos de fiscalização. Trata-se da adoção ostensiva, agora sem o entrave da lei, de práticas desastrosas que já existem oficiosamente, e que se naturalizam no passar da boiada, segundo a conhecida expressão do ex-ministro do Meio Ambiente, Ricardo Salles. Mais que isso, o presidente da desrepública exorta à ação direta e sem mediações, à exploração da floresta, ao ataque aos territórios indígenas, da parte de todos os aproveitadores dispostos a saquear em benefício próprio, sem projeto que não seja o destrutivo: madeireiros, garimpeiros e pescadores ilegais, com seus métodos violentos. Em resumo, promove-se a junção da grande máquina capitalista com as mais toscas modalidades do interesse particular, num espírito de gangue.

2 **A extrema direita tem vencido eleições em todo o mundo, lançando mão de uma guerra cultural sem tréguas. Como o campo progressista pode reagir a esse movimento que, ao chegar no poder, declara guerra à própria cultura?**

Limitando a questão, por falta de espaço, ao foco brasileiro, é importante ter claro que o presidente da desrepública implode de maneira programada e sistemática o princípio da responsabilidade, fazendo dessa investida uma operação paralela a seu ataque à cultura científica, jurídica e artística. As duas coisas têm relação: a instauração do império da irresponsabilidade promove e ao mesmo tempo exige a guerra contra a cultura. Pois vida cultural pressupõe limites e supõe expansão, reconhecimento do outro e abertura ao outro. Ser responsável, por sua vez, significa literalmente responder pelo que se faz e pelo que se fala, arcando com o enfrentamento da prova e da contraprova e sustentando atos com fatos.

Durante todo o seu desgoverno o presidente assaltou a vida pública brasileira disparando afirmações insustentáveis que se dissipam no ar e são substituídas pela próxima manifestação oportunista. Vão da negação do alcance letal da Covid à imputação de fraude ao sistema eleitoral eletrônico, da panaceia da cloroquina à desqualificação das evidências do desmatamento da Amazônia. Do pai do presidente da OAB, disse que este não foi morto pelo regime militar mas no contexto de outra circunstância que ele deixa aberta como insinuação, sem oferecer nenhum dado esclarecedor ou comprobatório ("Se quiser eu conto como ele morreu", diz, sem contar coisa nenhuma mesmo se interpelado a fazê-lo). Vocaliza calúnia contra a jornalista Patrícia Campos Mello, lambuzando-se em chiste sexista e refugando, como sempre, responsabilizar-se pelo que disse (importantíssimo registrar que, nesse caso, foi judicialmente condenado).

É perda de tempo reagir com surpresa e espanto a cada uma dessas atrocidades. Além de cevar seguidores, elas querem tirar o foco e minar o eixo do debate público. O mais importante a essa altura é irmos ao ponto: o presidente da desrepública instaura um estado de irresponsabilidade pessoal e institucional que visa a sua espúria e total inimputabilidade autocrática. A PGR, cuja função como órgão de Estado seria exatamente a de chamá-lo à responsabilidade, tem cumprido à risca o papel de assegurar o esquema da irresponsabilização. O que faz com que suas ações abusivas escoem pelo ralo do indiferenciado, como acontece com a neutralização do trabalho da CPI da Covid.

Chegando mais perto do cerne da pergunta: o princípio da responsabilidade, como condição de funcionamento da vida pública, prevê que tudo esteja sujeito, quando isso se impõe, à correspondente aferição posterior, ao crivo de um depois. O compromisso com um depois é instância fundamental da esfera científica e da esfera jurídica, capazes de submeter os fatos e versões à pesquisa, ao exame e ao levantamento e cotejo de dados e provas. Não por acaso o universo da desinformação irresponsável, no qual o presidente se locupleta, cancela a ciência e afronta a ordem jurídica, acuando-as. Nem falemos da arte. Ele pretende viver num estado de instantaneidade virulenta e sem depois.

O fato novo é que agora estamos a quatro anos depois de sua eleição. Não é possível esconder com a mesma caradura o peso das ações e de suas consequências. O ônus do desgoverno se faz acompanhar do desgaste retórico. Por isso mesmo, ele tem que se agarrar à mais recente ficção de sua facção: o ataque às urnas eletrônicas. E já que, na lógica das *fake news*, tiros de mentira não são meros tiros de festim, fazendo-se ao contrário acompanhar de tiros reais, anuncia-se por aí o desfecho desenhado para quem não parece ver outra saída. É o momento em que setores da sociedade civil entorpecida dão sinais de ter chegado a um limite e esboçam sinais de repúdio ao império do desgoverno irresponsável e criminal. É crucial dar limite ao irresponsável que pretende não tê-los, com a mobilização de todas as forças que percebem, no mínimo, os danos generalizados provocados pela disfunção entrópica do desgoverno.

Em tempo: a guerra à cultura tem que ser encarada como uma afirmação pelo avesso do inequívoco poder político da cultura, da arte, da ciência, e de seu papel crucial no enfrentamento da escalada da extrema direita. A esse propósito, trago aqui um caso para pensar. Um homem branco, que trabalha como jardineiro, me envia um vídeo do Brasil Paralelo que contém uma interpretação conservadora do Brasil. Não se trata de *fake news*, nesse caso, mas da construção de uma visão da história brasileira pautada pela perspectiva do Partido Conservador. A monarquia é vista como unificadora, trabalhando pela coesão do país e promovendo a abolição pacificadora, que teria tido o condão de resolver a cisão social brasileira. O trabalhador parece convencido, pelo que viu ali, de que o clamor pelos direitos dos negros e de que a necessidade de uma nova abolição não passam de uma perturbação da ordem nacional motivado pelo esquecimento da história do conservadorismo. O vídeo tem impacto e poder de persuasão. Não faz falta ao campo progressista, pergunto eu, uma atuação correspondente nas redes sociais, em linguagem direta, ampla e compreensiva, sobre as linhas de entendimento do Brasil, mostrando por exemplo o quanto os escravizados e seus descendentes foram abandonados historicamente, sem qualquer projeto inclusivo, e atirados à sua própria sorte para as bordas queimadas da vida-morte brasileira?

3 Como analisa a importância das eleições em outubro de 2022 para o futuro do Brasil?

Todo o futuro e o passado do Brasil estão jogados e confrontados nas eleições de outubro de 2022. O que vivemos hoje é uma demonstração quase inacreditável de que o passado escravista, seus expedientes de exclusão, suas formas de crueldade, no que têm de profundos e estruturais, estão aí e prontos a recorrer à violência que lhes é inerente. Essa estruturação sádica goza, além do mais, com a afronta ao valor universal dos direitos humanos, na contramão dos quais sempre vingou.

É flagrante, ainda, o retorno atual de estruturas conhecidas e reconhecidamente "arcaicas", como é o caso do mandonismo patriarcal e seu braço armado, a jagunçagem. É sabido que o mundo da propriedade rural, no Brasil, não passava pela arbitragem da lei, mas funcionou tradicionalmente segundo o "costume" cruento, a regra da aliança e da vingança efetuada por bandos comprometidos com seus mandões. O que fez e faz da violência armada, longe do monopólio do Estado e da regulagem por um ordenamento jurídico, o componente íntimo e inalienável de uma ordem permeada de desordem.

Se o escravismo, o mandonismo e a jagunçagem pareciam minimamente superados na história da sociedade brasileira, eis que eles expõem a atualização perversa de seus fundamentos numa escala total em que o desgoverno federal corrói o primado da lei, assume indisfarçavelmente o tom miliciano e convoca bandos a se armar, numa proposta extremada de jaguncização do cidadão comum, para além da jaguncização virtual das redes sociais. O sertão vira o mundo urbano; o mundo urbano, o dos expedientes acomodatícios e cartoriais ao arrepio da lei, vira sertão. Fechando as pontas, o congresso nacional regido pelo centrão empresta a esse atentado um simulacro de normalidade.

Por isso mesmo é que as eleições de 2022 colocam forçosamente o futuro do Brasil em confronto com o seu passado, num acerto de contas que só tem a ser terrível, caso prevaleça a lei sem lei da jagunçagem bolsonarizada. Esta, precisa ser devidamente enquadrada como uma aberração fraudulenta, como uma anomalia menor do que o país, embora enraizada numa história social imemorial que nunca deu seu passo efetivo para além de suas deformidades de origem, que somos desafiados a atravessar e superar nesse momento, resta saber com que forças.

Tudo isso dá uma estranha atualidade a essa obra literária colossal que é Grande sertão: veredas, na qual o Brasil todo é olhado pela lente literária da realidade jagunça. A certo momento do livro, no episódio do julgamento de Zé Bebelo, o mundo sem lei do sertão vive um esboço de fundação de sua própria ordem jurídica, respeitando o inimigo capturado, discutindo em assembleia o sentido da justiça, recusando o justiçamento sumário e dando voz a todos os participantes. O regente desse gesto político e civilizatório é o chefe Joca Ramiro, que vem a ser assassinado, no entanto, por causa disso mesmo, por ato de Hermógenes (que tem a volúpia da violência) e de Ricardão (que age segundo a eficiência calculadora dos interesses proprietários).

Considerando com liberdade o simbolismo da ficção, para além de qualquer literalidade, não me parece nem impróprio nem exagerado dizer que o desgoverno atual instala um correspondente do sistema de aliança de Hermógenes e Ricardão no coração do poder. E que, entre os muitos assassinatos que temos presenciado, todos eles pungentes e revoltantes, insuflados pelo bafo necropolítico que emana da desrepública, podemos ver o duplo assassinato de Bruno Pereira e Dom Phillips como um correspondente, em outros termos, do assassinato de Joca Ramiro fincado na nossa vida presente. Não porque eles se identifiquem com a figura de um chefe jagunço proprietário e messiânico, mas porque representam a figura do profissional quase anônimo que busca, em condições adversas, exercer as bases de um outro modelo de relações em defesa das populações ameaçadas, da sabedoria da floresta, do trabalho e da graça da vida (contra aqueles mesmos saqueadores ilegais de que falamos no começo).

Se derrotadas nas eleições, as forças sombrias têm direito ao jus esperneandi, ao choro e ao ranger de dentes, mas não à intervenção golpista e aos espasmos armados. A sociedade brasileira tem que dizer a que veio e não se deixar caber nesse abismo, pondo à prova a frase audaciosa do pensador português Agostinho da Silva: "O futuro do Brasil é tão grande que não há abismo onde caiba".

Lawfare Nunca Mais | Andrea Haas, Cleide Martins Silva, Eduardo Meirelles e Sandra Urech

[Andrea Haas. Graduada na Unisinos – São Leopoldo (RS), como arquiteta e urbanista, profissão exercida com paixão. Autodidata em direito, em design gráfico, em italiano (língua), por necessidade de sobreviver e tentar ajudar outr@s a sobreviverem às injustiças, principalmente aquelas perpetradas pela justiça. Integrante do projeto Lawfare Nunca Mais.

Cleide Martins. Pedagoga com especialização em Gestão da Comunicação Organizacional pela Fia/USP e em Educação a Distância pelo Senac. Graduada em Direito. Membra da ABJD e da equipe do projeto Lawfare Nunca Mais, na luta por justiça, anistia e reparação para as vítimas.

Eduardo Vieira de Lima Meirelles. Jornalista pela Universidade de Brasília. Atuante na defesa dos povos indígenas, fauna e flora. Integrante e jornalista do projeto Lawfare Nunca Mais. Apresenta semanalmente um programa na TV Justiça e é autor do livro *Lucélia Santos – Coragem para lutar*.

Sandra Urech. Educadora, militante de direitos humanos, coordenadora do StopEmMovimento, onde representa o Comitê pela Democracia no Brasil em Zurique, e integrante do projeto Lawfare Nunca Mais.]

1 A expressão *lawfare* (guerra jurídica) torna-se cada vez mais frequente no dia a dia brasileiro. Como explicar para a sociedade o sentido da expressão e, sobretudo, as consequências de sua prática nas esferas política e econômica?

O vocábulo *lawfare* é resultado do processo morfológico de fusão de duas palavras: *Law* (Lei) + *Warfare* (Guerra) = *Lawfare*, a lei como arma de guerra política. Para entender a gênese desse termo, recorremos ao guarani para explicar as coisas do mundo: *Wahutedew'á*, o espírito do tempo.

Kaká Wera Jecupé, em seu livro *A terra dos mil povos*, diz que quando chegaram as caravelas portuguesas, tentaram banir o espírito do tempo, algemando-o no pulso do Homem da Civilização.[1]

Dessa época em diante, o tempo passou a ser contado de modo diferente. Esse modo de contar o tempo gerou a História e, a partir desse tempo inventado pela dita civilização, foram resumidos os principais fatos desse tempo que, embora inventado, trata de ações humanas reais e, na maior parte das vezes, cruéis.

O desafio de explicar no que consiste o *lawfare* nos coloca na mesma praia onde há mais de 500 anos estiveram nossos antepassados,

---

1 Kaka Werá Jecupé. *A terra dos mil povos: História indígena do Brasil contada por um índio*. São Paulo: Peirópolis, 1998. p. 71.

atônitos frente aos monstros indecifráveis que avançavam em direção à praia: as caravelas. Incapazes de decifrar o objeto de seu espanto, sucumbiram, sem reação.

Não é o nosso caso. De guerra entendemos. Conhecemos a história das Cruzadas, da Primeira e da Segunda Guerra Mundiais. Acompanhamos as modernas guerras no Afeganistão e no Iraque com imagens dos "ataques cirúrgicos" transmitidos em tempo real, 24 horas por dia nos canais de televisão.

As imagens da guerra estão gravadas em nossas memórias. A guerra não é nossa desconhecida. Ocorre que a guerra mudou. Agora, como os próprios senhores da guerra se gabam, a guerra é humanitária, uma vez que não é necessário mais recorrer às bombas ou aos fuzis. Não há derramamento de sangue e é muito mais barata. A guerra por meio do Direito.

Voltemos à praia: agora a tarefa é decifrar os significados de "guerra híbrida", "guerra não convencional", "revoluções coloridas", "guerra centrada em rede social", "guerra psicológica".

Para entender o que é uma guerra não convencional, é preciso recorrer à fonte. Korybko, em seu livro *Guerras Híbridas*: *das revoluções coloridas aos golpes*, nos apresentou ao texto do tenente-coronel Brian Petit, publicado pelo Centro-Escola de Guerra Especial John F. Kennedy, do Exército dos Estado Unidos:

> 'Atividades conduzidas para viabilizar um movimento de resistência ou insurgência a coagir, abalar ou derrubar um governo ou poder ocupante por operação por meio de ou com uma força clandestina, auxiliar e guerrilheira em uma área renegada.' [A guerra não convencional] não é um mecanismo que atua com vistas a criar as condições para uma revolução – em vez disso, ela apodera-se de uma infraestrutura política, militar e social pré-existente e a apoia com vistas a acelerar, estimular e incentivar ações decisivas baseadas em ganho político calculado e

nos interesses nacionais dos EUA.

O *lawfare* integra a estratégia das guerras híbridas. Segundo os pesquisadores que primeiro observaram o fenômeno, em 1975, "O *lawfare* substitui a guerra e o duelo é com palavras e não com espadas".

Em 2001, ainda sob efeito do ataque às Torres Gêmeas, o major-general da Força Aérea dos EUA, Charles Dunlap, definiu *lawfare* como "a estratégia do uso – ou não uso – do Direito como um substitutivo dos meios militares tradicionais para atingir um objetivo de combate de guerra".[2]

No Brasil, o assunto tornou-se mais conhecido a partir de 2016, quando os advogados do ex-Presidente Lula, Valeska Martins e Cristiano Zanin, concederam uma entrevista coletiva, oportunidade em que apresentaram o assunto. Em 2020, publicaram com Rafael Valim o livro *Lawfare*: *uma introdução*.[3]

A partir de então, podemos explicar o *lawfare* como *o uso estratégico do Direito para fins de deslegitimar, prejudicar ou aniquilar um inimigo*.

Se há guerra, tem que haver inimigo. Mas como compreender esta lógica? O inimigo é interno, está dentro do nosso país? É um de nós? Quem determina quem é o inimigo?

Para responder a essas questões, é preciso ouvir o Papa Francisco. Preocupado e atento ao fenômeno, convocou um encontro com juristas e alertou:

> Aproveito esta oportunidade de reunir-me com vocês para manifestar-lhes minha preocupação por uma nova forma de intervenção exógena nos cenários políticos dos países, por meio do uso indevido de procedimentos legais e tipificações judiciais. O lawfare, ademais de colocar em

---

2 *In:* Antonio Eduardo Ramires Santoro; Natália Lucero Frias Tavares. *Lawfare brasileiro*. 2. ed., 2 reimp. Belo Horizonte: D'Plácido, 2022. p. 33.

3 Cristiano Zanin; Valeska Martins; Rafael Valim. *Lawfare*: *uma introdução*. São Paulo: Contracorrente, 2020. p. 26.

> sério risco a democracia dos países, geralmente é usado para minar os processos políticos emergentes e propiciar a violação sistemática dos direitos sociais. Para garantir a qualidade institucional dos Estados, é fundamental detectar e neutralizar esse tipo de práticas que resultam de uma atividade judicial imprópria em combinação com operações multimidiáticas paralelas.[4]

O *lawfare* mira, exatamente, as políticas sociais. Os inimigos serão aqueles que teimam em implementá-las e, assim, oferecem real risco aos interesses da classe dominante. O soberano é o deus mercado que declara quem é o inimigo e a partir daí a máquina é colocada em movimento para destruí-lo.

Forma-se um consórcio com os órgãos estatais e a mídia corporativa. Tribunais de Contas, Polícia Federal, o Grupo de Atuação Especial de Combate ao Crime Organizado (Gaeco), Ministério Público (MP), produzem acusações frívolas, inventam os crimes, desencadeiam operações com nomes espetaculosos, conduções coercitivas, prisões cautelares e vazamentos seletivos de informações.

A mídia, por sua vez, ataca a reputação do inimigo, jogando-o na praça pública dos linchamentos virtuais nas redes sociais, até que toda a população o odeie.

O acusado, alvo do *lawfare*, chega condenado perante o juiz que confirma a sentença esperada pela opinião pública já manipulada: culpado!

Aprendemos com o juiz de Direito Rubens Casara[5] que a existência de distorções das regras do jogo democrático, dentro de um processo penal, que compreendem a violação ao contraditório, à ampla defesa,

---

4 Papa Francisco. "Discurso del Santo Padre Francisco en la Cumbre de Jueces Panamericanos sobre Derechos Sociales y Doctrina Franciscana". Casina Pío IV. Martes, 4 de junio de 2019. Disponível em: https://www.vatican.va/content/francesco/es/speeches/2019/june/documents/papa-francesco_20190604_giudici-panamericani.html. Acesso em 27 de julho de 2022.

5 https://youtu.be/TubIIQw5U-A : "Programa Lawfare Nunca Mais".

as prisões desnecessárias, a espetacularização dos procedimentos, a transferência para os meios de comunicação de parte do debate que deveria ocorrer dentro dos autos, são características do *lawfare*, especialmente quando se vislumbram interesses econômicos envolvidos.

Nesse ponto é necessário falar da racionalidade neoliberal, um modo de ver e atuar no mundo, que se tornou hegemônico a partir da década de 80, que trata tudo e todos como objetos negociáveis, a partir de cálculos de interesse.

O olhar do detentor do poder econômico volta-se para o que é possível ganhar, lucrar e isso define a visão geopolítica de um país poderoso sobre outro país, especialmente aqueles que em seus territórios se encontram riquezas naturais ou tecnologias de ponta.

As guerras travadas ao longo da história têm objetivos de incrementar a condição econômica e fortalecer a posição política do invasor. O *lawfare* é guerra com esses mesmos objetivos e se vale do Direito para controlar os indesejáveis que não interessam e atrapalham esses interesses financeiros e econômicos.

A partir deste panorama, o caso do ex-presidente Lula ilustra perfeitamente essa guerra, o *lawfare*. Os métodos usados pelos agentes públicos "da justiça" violaram as normas constitucionais. As regras da democracia foram bombardeadas. Lula foi preso e impedido de concorrer às eleições de 2018.

O resultado disso foi a troca de um projeto de desenvolvimento social em benefício da maioria da população, que no período de 2003 a 2013, posicionou o Brasil como sexta economia mundial, por um projeto político neoliberal da morte, da necropolítica.

As consequências das ações levadas a cabo por agentes do Ministério Público e do Judiciário são que estamos sofrendo como povo. Como nação, a perda da autonomia energética; a redução da industrialização; a regressão em todos os campos dos direitos sociais, incluindo-se os trabalhistas, previdenciários, educacionais; o corte de recursos para o desenvolvimento da Ciência e da Tecnologia;

a destruição do meio ambiente, da saúde pública e a falta de um programa de moradia popular.

Estamos mais pobres, a fome, a miséria e a exclusão social voltaram com força. É um triste cenário de guerra, com tudo por reconstruir.

2 Em que medida a prática do *lawfare* implica em perda de soberania nacional? Em outras palavras, como reagir a seu caráter transnacional? De que forma conscientizar a cidadania em relação ao exercício do *lawfare*, que, de imediato, suprime precisamente o direito de um julgamento justo porque imparcial?

Lawfare é guerra mundial.

Em menos de duas décadas, não menos que treze países latino-americanos sofreram interferências em seus processos de escolha de dirigentes.

Além do Brasil, Bolívia, Equador, Honduras, Paraguai, Peru, El Salvador, Guatemala, Panamá, Nicarágua, Argentina, Chile e Colômbia foram alvos do *lawfare*.

Os projetos voltados para o desenvolvimento social foram substituídos por outros representativos do ideário neoliberal estadunidense.

No entanto, a artilharia neoliberal não se reduz aos ataques a governos, com objetivos eleitorais, pois também pode ser acionada para atender a objetivos puramente comerciais.

O aparato usado nessa guerra é a legislação introduzida nos países por meio de tratados que se disfarçam de iniciativas de combate à corrupção, ao terrorismo e ao narcotráfico e foi concebido, de forma centralizada, pelo Departamento de Justiça dos Estados Unidos, em conjunto com outros órgãos de investigação estadunidense.

Para impor tais leis atuaram diversos organismos, com destaque para a Organização para a Cooperação e Desenvolvimento Econômico (OCDE).

Os soldados do *lawfare*, policiais federais, promotores e juízes foram treinados no Brasil e nos EUA, em eventos que contaram com a participação da Embaixada dos Estados Unidos no Brasil, a exemplo do Projeto Pontes, no Rio de Janeiro, e da Conferência de Policiais Federais, realizada em Fortaleza.

É importante observar que, na guerra, técnicas de persuasão e manipulação são usadas para convencimento do propósito. Na Alemanha nazista, Joseph Goebbels as desenvolveu e usou para arregimentar simpatizantes contra o povo judeu que foi demonizado, como se fosse a causa de todos os problemas e, em tempos de *lawfare*, a corrupção passou a ser o mal cósmico a justificar o banimento de determinadas pessoas do cenário político.

A palavra "corrupção" passou a ter um significado de rejeição tão poderoso que a sua menção vinculada ao nome de alguém é razão inconteste para transformar a pessoa no inimigo mortal de qualquer um e de toda a sociedade, mesmo que não passe de uma acusação infundada. A corrupção, mesmo sendo um significante vazio – farsesco motivo para destruir o inimigo – é absorvida pelas mentes adestradas, sem qualquer senso crítico e a exigência de prova da sua efetiva ocorrência.

Logo após a eleição do primeiro presidente oriundo da classe trabalhadora, determinado a incluir o pobre no orçamento, teve início o ataque, que partiu do Judiciário, por meio do uso do Direito, como nos conta o professor João Ricardo Dornelles:

> No Ocidente, o Brasil foi o maior e principal laboratório das chamadas guerras híbridas através do uso do lawfare. A utilização do método teve início em 2005 contra o governo de centro-esquerda do Partido dos Trabalhadores no chamado processo do mensalão (Ação Penal 470), ganhando consistência a partir de 2014 na chamada

> "operação lava jato", o que levou ao golpe de 2016, a destituição arbitrária da Presidenta Dilma Rousseff, culminando, dois anos depois, com a chegada ao poder de Jair Bolsonaro.[6]

Os agentes públicos que comandaram a operação Lava Jato empunharam a bandeira da erradicação da corrupção do nosso país e a violência do Direito usado para vilanizar o inimigo foi tão brutal que vilanizou o próprio sistema de Justiça e as normas constitucionais.

O ataque à soberania nacional foi devastador. A campanha conduzida pela operação Lava Jato produziu pelo menos três vezes mais prejuízos econômicos para o País do que o valor desviado com a corrupção. O desmonte do setor energético trouxe o desemprego em larga escala e induziu a quebra do ciclo virtuoso da economia nacional, o que por seu turno trouxe de volta a fome, a miséria e o aumento da desigualdade.

O retrocesso se deu em todas as áreas. Foram destruídos os setores de construção civil, os estaleiros, a produção de carne e derivados, o setor de energia elétrica, a indústria do petróleo e a indústria da aviação. Segundo Gilberto Maringoni,[7] o propósito dos ataques que redundaram no golpe jurídico midiático de 2016 e subtraiu do povo o direito de eleger um projeto de país, tinha por objetivo redefinir o lugar do Brasil no mundo.

Ainda segundo Maringoni, um dos objetivos era reduzir o custo do trabalho. Assim, a reforma trabalhista, somada à previdenciária e à Emenda Constitucional 95, entregaram um pacote completo de desmonte. O resultado que se impôs foi, portanto, a derrota do

---

6 João Ricardo Dornelles. "Lawfare na América Latina: o caminho para o neofascismo". *In*: Larissa Ramina (org.). *Lawfare e América Latina: a guerra jurídica no contexto da guerra híbrida*. Vol.1. Curitiba: Íthala, 2022. p. 66.

7 Gilberto Marigoni. "Viralatismo em marcha: golpe visa redefinir o lugar do Brasil no mundo". *In*: Jessé Souza; Rafael Valim. *Resgatar o Brasil*. São Paulo: Contracorrente/Boitempo, 2018.

desenvolvimento e da industrialização, levando o Brasil a abdicar de um projeto nacional autônomo e soberano.

O *lawfare* faz mal ao Brasil.

É preciso deter a guerra e para isso a primeira tarefa é conhecer o assunto, estudar a fundo suas estratégias, geografia, armas e externalidades. É preciso saber detectar o *lawfare*; levar o tema ao debate nacional. Será necessário criar um movimento capaz de engajar a toda sociedade na busca da solução.

É preciso desarmar as minas e as demais armas que se encontram ativadas em nosso território. As leis que foram introduzidas no País a fim de operar o *lawfare* precisam ser revogadas. Será necessário elaborar novas leis capazes de proteger os interesses nacionais e treinar servidores públicos, integrantes do sistema judicial, dos órgãos auxiliares de controle e demais agentes públicos.

A batalha contra pessoas que estavam envolvidas na implementação de políticas sociais e que foram injustamente acusadas e condenadas, deixou um enorme contingente de vítimas tombadas, com suas vidas interrompidas, suas famílias destroçadas, tendo que enfrentar sozinhas e sem recursos todo o poder do Estado contra si.

Será necessário recolher os feridos. O Estado brasileiro precisa falar em anistia e em reparação para as pessoas injustamente perseguidas.

3 Como analisa a importância das eleições em outubro de 2022 para o futuro do Brasil?

As eleições que se aproximam representam uma oportunidade para a retomada do projeto de inclusão social e da organização da contraofensiva à guerra. É o momento de incluir o *lawfare* no programa do próximo governo, definir políticas, prever estratégias para neutralizar a prática no Brasil.

As caravelas estão na praia, é preciso desvendá-las, enfrentá-las e retomar o curso da nossa História. *Lawfare*, nunca mais!

Lucia Santaella

[Pesquisadora 1A do CNPq e professora titular da PUC-SP. Foi pesquisadora convidada em várias universidades europeias e latino-americanas. Publicou 54 livros e organizou 29, além da publicação de quase 500 artigos no Brasil e no exterior. Recebeu os prêmios Jabuti (2002, 2009, 2011, 2014), Sergio Motta (2005) e Luiz Beltrão (2010).]

1 O avanço transnacional da extrema direita parece indissociável do fenômeno da "pós-verdade"; conceito estudado em seu livro *A Pós-Verdade é verdadeira ou falsa?*[1] Como entender a repercussão desse fenômeno na esfera política, em geral, e na cena brasileira, em particular?

A questão da pós-verdade emergiu no Norte Global, em 2016, como um susto e uma revelação. Seria possível que Donald J. Trump, uma caricatura humana, despida dos ideais que são acalentados pelas mentes pensantes, tivesse se saído vencedor na batalha eleitoral, ferindo o orgulho dos Estados Unidos, um país que se pretende portador exemplar dos valores democráticos? Esse foi o susto que, como tal, exigia ser decifrado. A revelação surgiu da necessidade de compreensão de que as sociedades estavam funcionando de maneira bem distinta das expectativas.

O universo da comunicação digital em rede, aplaudido em seus inícios nos anos 1990, passou a revelar, duas décadas depois, a sua verdadeira face, ou seja, a sua face fake. Nesse contexto, pós-verdade significa que, especialmente no campo da política, mesmo que a verdade exista, ela não mais importa. Tais condições encontraram

1 Lucia Santaella. *A Pós-Verdade é verdadeira ou falsa?* São Paulo: Editora Letras e Cores, 2018.

suas comprovações na explosão em 2018, do escândalo do *Cambridge Analytica*, cujos dados extraídos do Facebook haviam sido vendidos para a campanha de Trump.

Nesse mesmo ano, 2018, cenário similar repetiu-se no Brasil. Estava certo Karl Marx ao dizer que a história acontece primeiro como tragédia e, ao se repetir, surge como farsa. Entretanto, pelas reviravoltas de que a história é capaz, já que também ela é afetada pelas tendências reversíveis da pulsão de morte, no Brasil, a farsa foi, cada vez mais, mergulhando em tragédia. Esta é a tragédia em que estamos imersos e contra a qual, por apego a Eros, apego ao "verde que te quero verde" da vida, temos que lutar com as unhas e dentes das palavras que sejam capazes de produzir ações deslocadoras em nossos horizontes.

No caso, o elo de ligação entre a tragédia e a farsa encontra-se na potência nefasta das inclinações políticas da extrema direita. Trata-se de uma potência que age pelo contágio cujo vírus se chama ignorância e cuja cegueira se volta para a destruição da alteridade e para a negação da insistência do real. O conservadorismo regressivo é a tábua a que se agarram as mentes e sensibilidades empobrecidas e incapazes de sequer perceber a complexidade dos dilemas, impasses e desafios de todas as ordens – bio-ecológicos, tecno-científicos, macro-geo-micropolíticos, educacionais e sócio-psíquicos – em que a humanidade está hoje envolvida. Diante disso, o caminho que encontram para a sua miséria mental e moral é o caminho da farsa e da mentira. Vem daí a revoada de *fake news* e a disseminação da desinformação que nos rodeiam. Quanto menos o país conta com formações educacionais seguras, tanto mais as *fake news* encontram uma sopa biótica propícia à sua procriação.

Por isso, nossa luta deve começar pela defesa da verdade. Embora não exista a verdade absoluta, a busca pela verdade insiste na ciência, na filosofia, no direito, nas artes e, certamente, na democracia e no respeito à verdade factual. As *fake news* deterioram muitas áreas da atuação humana, mas é no campo da política que suas consequências são mais danosas e perversas desde que é da política e dos efeitos que produz que depende grandemente o funcionamento saudável ou doentio de uma sociedade e a preservação de seus valores democráticos. Esse quesito é importante para se evitar a equalização da disseminação das *fake news* com uma pretensa era de domínio completo da pós-verdade sobre tudo que diz respeito ao humano.

É preciso diferenciar as árvores da floresta, pois a pós-verdade não diz respeito, em princípio, à arte, pois esta tem por alvo criar a sua própria verdade. A pós-verdade também não cabe à filosofia que, há mais de vinte séculos, vem refletindo sobre o possível e o impossível da verdade. Não cabe ainda à ciência que, por meio de métodos confiáveis, garante protocolos de correção de seus erros e falhas para que verdades provisórias possam ser atingidas.

A pós-verdade e suas grandes aliadas, as *fake news*, ao contrário, sobrevivem e se esparramam pela negação e desvirtuamento da verdade factual. Toda linguagem, que na semiótica chamamos de signo, seja ele verbal, visual, audiovisual, sempre se refere a algo. No caso da verdade factual, conceito que devemos a Hannah Arendt, o signo se refere a algo que, de fato, aconteceu. Por isso, a sua verdade ou falsidade pode ser averiguada por experiência colateral com o campo de referências do signo, ou digamos, para facilitar, com aquilo que a mensagem busca transmitir. Essa explicação sígnica exige ser dada para se evitar que tudo, indiscriminadamente, entre no saco de gatos das *fake news*.

Problema adicional consiste na variação semântica das *fake news*. Elas vão das aparentemente inofensivas até as mais enganadoras e destrutivas, irmãs siamesas da mentira. Estas produzem danos culturais, sociais e, sobretudo, políticos até o ponto de ferir todos os princípios da cidadania e da democracia. Quando se sabe que a democracia depende tanto da capacidade dos cidadãos de conhecerem a verdade dos fatos quanto da confiança nos meios que as transmitem, não pode haver trégua na luta contra a mentira deslavada ou dissimulada.

O que fazer, eis a velha pergunta que sempre retorna em modulações históricas distintas, mas sempre com alvos similares: é preciso buscar as garantias do bem comum. Uma delas é justamente o que estas palavras como parte deste livro procuram. Iniciativas irmanadas a esta, ou seja, agências de checagem, portais como *O desinformante*, palestras e discussões nas redes, fóruns e comunidades virtuais, publicações acadêmicas especializadas e publicações formadoras do jornalismo engajado, tudo isso junto deve se multiplicar, pipocar em todas as horas e por todos os cantos e esquinas da Web ou fora dela até formar um contrapeso significativo, necessário às batalhas contra a mentira. É preciso crer no poder mediador da linguagem que se compromete com a insistência sempre mutável da realidade.

2 Em seu trabalho recente, surgem novos conceitos, tais como a nova economia da atenção, o design cognitivo, a mente distribuída, o cérebro coletivo, a inteligência planetária.[2] Qual a relação dessa constelação com novas formas de sociabilidade e como elas podem impactar a cena política contemporânea?

No final dos anos 1980, fui pesquisadora convidada na Universidade Livre de Berlim, uma cidade ainda dividida pelo muro da guerra fria. Foi uma experiência marcante, de um lado, por testemunhar o valor que as ciências, o conhecimento e as artes desempenham naquela cultura. De outro, por ter me dado conta de que o universo da comunicação estava na iminência de passar por uma grande transformação. Lá, os colegas professores já começavam a ter o computador dentro de suas casas. Desse impacto, nasceu o meu livro *Cultura das mídias*, já em 1992, com edição aumentada em 1996,

2 "A autocracia é sustentada pela hiperinformação convertida em desinformação. Entrevista especial com Lucia Santaella". Ver aqui: https://www.ihu.unisinos.br/categorias/159-entrevistas/619448-a-autocracia-e-sustentada-pela-hiperinformacao-convertida-em-desinformacao-entrevista-especial-com-lucia-santaella.

quando a cultura do computador, a cibercultura, já dava seus passos no Brasil.

Desde então, o tema me cativou e fui seguindo, sem trégua, *pari passu*, as mutações do universo digital em uma série de livros nos quais visitei, de modo escrupuloso, temas como pós-humano, corpo biocibernético, linguagens líquidas, hipermobilidade, novas ecologias das mídias, comunicação ubíqua, dilemas políticos do pós-digital e, mais recentemente, humanos hiper-híbridos. Os temas são indicadores de que aquilo que me interessa não são as tecnologias em si, mas suas consequências na vida humana em todos os seus setores. De uns anos para cá, são muitos os especialistas em crítica cultural que têm chamado atenção para o fato, inelutável, de que as vertiginosas transformações dos recursos da digitalização trazem consigo não apenas formas mutáveis e voláteis de socialização, mas a transformação da própria ontologia do humano, questão que tem me apaixonado.

No estágio em que hoje estamos da cultura digital, a internet gera e distribui novos dados em quantidades exorbitantes. Nossa atual produção diária de dados está estimada em mais de 2,5 quintilhões (um número com dezoito zeros) de bytes, sendo a maior parte de dados não estruturados, como vídeos e áudios. Todos esses dados estão relacionados com atividades humanas, sentimentos, experiências e relações cotidianas. Sem a inteligência artificial, esses dados não passariam de dados mortos. Entramos, portanto, em plena era da inteligência artificial e da dataficação da vida. Por baixo de tudo isso, rolam contradições e paradoxos inextricáveis. O grande problema é que essa dinâmica é invisível e se passa nos subterrâneos de nossas vidas, de modo que continuamos a pensar ilusória e equivocadamente que as formas de socialização, os processos políticos e o nosso dia a dia continuam imaculadamente a ser os mesmos que um dia foram.

Com modéstia, na companhia de muitos autores, tenho buscado encontrar caminhos de orientação e de diagnóstico das condições do contemporâneo. Para isso, encontro quatro atributos que julgo capazes de rabiscar panoramicamente essas condições: São eles: o hibridismo, o amálgama temporal, a aceleração e a fragmentação identitária. Desenvolver esses atributos exigiria espaço. Portanto, bastam definições breves.

De 1990 para cá, a hibridização se tornou marca registrada das culturas em quaisquer pontos geopolíticos, nas quais o legado do passado é triturado em múltiplas plataformas, aplicativos e telas, povoadas de dilúvios de signos heterogêneos. A par disso, quebrou-se a linearidade do tempo, algo que os críticos da pós-modernidade já haviam detectado desde os anos 1990. Então, o digital veio para embaralhar todas as cartas no jogo do tempo: simultaneidade, sincronicidade, o passado no presente, o presente de muitos passados, futuros antecipados pelas simulações dos algoritmos de IA etc.. Isso que apenas se anunciava há poucas décadas intensificou-se cada vez mais. A aceleração, a mudança de ritmo da própria mudança, para não ir muito longe, pode ser exemplifica nos giros copernicanos pelos quais a Web vem passando em pouco mais de vinte anos, desde a sua fase nascente e eufórica até a distopia de seu atual anticlímax. De sua ação continuamente mutável resulta a fragmentação identitária, tema que tem suscitado muita discussão. Para sintetizar, pode-se dizer que a antes sonhada inteligência coletiva hoje habita as infindas paragens do Google, enquanto nós humanos nos alojamos em bolhas, mais amplas ou mais limitadas, nas quais encontramos algum pouso para a nossa ansiedade por um lugar cabível no imensurável latifúndio informacional que tomou conta da realidade.

São limiares muito complicados para a humanidade e que, no Brasil, recebem cores muito mais dramáticas resultantes dos nossos abismos sociais e também tecnológicos. 30% da nossa população sequer tem acesso à internet, pior que isso, passa fome tanto educacional quanto física enquanto, no extremo oposto, exibem-se com ostentação, sem qualquer prurido ou vergonha moral, mansões de doze mil metros que macaqueiam a exorbitância do luxo aos pés das montanhas de Hollywood.

Essas são apenas pinceladas sobre a cena contemporânea que forneço na expectativa de que o pessimismo perscrutante seja sinal inconfundível de inteligência.

3 Como analisa a importância das eleições em outubro de 2022 para o futuro do Brasil?

Se essas eleições não provocarem a mudança esperada pelas consciências que buscam se manter sãs, não haverá futuro para o Brasil. Como estamos no olho do furacão, tentando nos equilibrar nesse vórtice, tal como a personagem do *Maelström*, desenhada por Edgar Allan Poe, não estamos ainda sendo capazes de avaliar a desmedida da regressão científica, cultural e especialmente educacional dos últimos anos.

Certamente, estamos movidos pelo otimismo dos justos de que virá a nós a tarefa de reconstrução, como se reconstrói um país depois de uma guerra, com a força que só a esperança pode nos dar. Pensar e sentir o contrário significaria uma entrega que levaria à covardia moral.

Ao mesmo tempo, é preciso reconhecer que as condições pré-eleitorais do país estão atravessadas por contradições e dificuldades profundas. De um lado, os restos da mistura degradante do sistema neoliberal, do desgoverno e da pandemia. De outro lado, em um artigo recente, ainda no prelo, analisei o cruzamento mútuo-alimentador entre um desgoverno com fortes tendências autocráticas e uma sociedade mergulhada na infocracia.

A palavra "infocracia" foi adotada por Byung-Chul Han no seu último livro, ainda sem tradução para o português. "Cracia" vem do radical grego que exprime a ideia de poder em uma rede semântica em que estariam também implicadas as ideias de força, autoridade, soberania, domínio, governo de que derivam os conceitos de teocracia, democracia e agora infocracia. Ao adotar essa palavra, Han pretende apontar para o dilúvio de desinformação que tem afetado muitos países, inclusive aqueles em que a ciência, a cultura, a arte, o conhecimento e a educação tenham sido secularmente valores prioritários. De todo modo, o que a invasão infocrática coloca a nu é a constatação de que a infodemia é resistente à vacina da verdade. Trazendo essa constatação para a conjuntura brasileira, o problema se complica pelo cruzamento da info com a autocracia.

A autocracia define-se como um regime de governo em que todo o poder está concentrado em um único centro, seja um ditador individual ou um grupo como um partido político dominante ou um comitê central. Para que isso se dê, o poder precisa estar respaldado pela força para suprimir a oposição e impedir movimentos sociais que possam levar ao desenvolvimento da oposição. O que os centros do poder buscam é se livrarem de controles ou sanções que interceptem seu caminho. Em oposição, nas democracias e outros sistemas de governo não autocráticos, o poder é compartilhado por vários centros, como os poderes executivo, legislativo e judiciário. Nestes casos, portanto, centros distribuídos de poder estão submetidos a controles e sanções legais e permitem a opinião pública e a dissidência pacífica.

Todavia, não há apenas autocracias evidentes, mas também mascaradas. Apresentam-se como regimes menos ditatoriais que podem, inclusive, conviver com parlamentos, assembleias cidadãs, partidos políticos e tribunais, mas, no fundo, eles funcionam como meras fachadas para o exercício unilateral do poder da autocracia. Não resta dúvida de que pesam sobre nós as sombras de um regime com tendências autocráticas. Uma autocracia que oscila entre a exibição descarada e o mascaramento, ou seja, um regime cujo poder central executivo manifesta-se no voluntarismo, esvaziado de qualquer racionalidade, que busca minar, a cada dia, os empecilhos que os outros poderes lhe impõem. Isso coloca o país em estado de desequilíbrio, em um estado constante de defesa que atordoa a sociedade civil e evidentemente adoece a democracia.

Como bem nos lembra Miguel Lago, isso não se confunde com o nazismo e o fascismo. Estes são construções coletivas – abomináveis, sim, mas ainda assim construções coletivas. O bolsonarismo é a desconstrução do que poderia ser entendido como coletividade em prol do enxame da irrazoabilidade. Com tudo isso, foi inaugurado um novo modo de governar: o governo da suspensão. A força da suspensão advém do modo subreptício e ao mesmo tempo selvagem pelo qual o governo bolsonarista se apropriou das redes, em uma aliança perfeita entre a desrazão da perversidade com tudo aquilo que as redes têm de pior.

Mas nem tudo são batalhas perdidas. Não obstante o volume e a velocidade com que a infocracia se esparrama pela Web, há ações legislatórias para conter esse derrame. Afinal, o Brasil ostenta com orgulho o Marco Civil da Internet, em vigor desde 2014, que estabelece princípios, garantias, direitos e deveres para quem utiliza a rede, assim como diretrizes à atuação do Estado. Outras legislações deverão seguir esse exemplo aplaudido internacionalmente. Mais recente, de 2018, é o marco da Lei Geral de Proteção de Dados (LGPD) que diz respeito ao tratamento de dados pessoais no ambiente digital. Há ainda movimentos na direção de outras necessárias legislações que devem implicar a participação ativa das academias e da sociedade civil.

Quanto à autocracia, para vencê-la, é preciso estar atento e forte. Outubro não terá a dimensão de uma batalha, mas sim, a proporção de uma crucial e legítima ação coletiva que seja capaz de provocar, "no meio do redemoinho", o encontro esperado do país consigo mesmo.

Marcelo Medeiros

[Pesquisa desigualdade social. Tem formação em Sociologia e Economia. Atualmente, é professor visitante da Columbia University em Nova York. Foi pesquisador do IPEA, professor na Universidade de Brasília e visitante nas universidades Princeton, Yale, California-Berkeley, Sophia-Tokyo, CNRS-Cermes3-Paris, IHD-Delhi, IGI-Mumbai e Cambridge. Recebeu o prêmio Fred L. Soper da OMS de melhor estudo em saúde pública de 2012, Prêmio Anpocs de Melhor Tese de Doutorado de 2003 e uma medalha do Senado Federal por estudos em desenvolvimento em 2000.]

1 A partir de suas pesquisas, quais são os caminhos mais adequados para enfrentar as desigualdades no Brasil?[1]

As desigualdades ocupam um papel importante na agenda política brasileira. Ajuda, quando se pensa em desigualdades, no plural, pois não existe uma única dimensão da desigualdade e tampouco uma única forma de combatê-la. Desigualdades educacionais, por exemplo, tratam de assuntos e exigem políticas diferentes das desigualdades em saúde.

Renda não é a única dimensão das desigualdades que importa, mas é uma dimensão muito importante. Deve receber bastante atenção em todas as estratégias de condução do país. Mas mesmo em renda é possível pensar em desigualdades no plural. Em termos gerais, as políticas destinadas à redução das desigualdades raciais salariais são diferentes das políticas que pretendem reduzir o hiato salarial entre mulheres e homens, por exemplo.

Toda desigualdade social é desigualdade de algo entre alguém e cada combinação de um "algo" com um "alguém" faz pensar em uma desigualdade distinta. Mesmo quando o "algo" é um só, renda, ainda assim existem várias desigualdades. Por exemplo, as desigualdades

1 Marcelo Medeiros. "A desigualdade no Brasil é disfuncional para a democracia". Entrevista para *El País*: https://brasil.elpais.com/brasil/2015/11/04/politica/1446611627_268265.html.

regionais de PIB (Produto Interno Bruto) são desigualdades de renda, mas com causas muito diferentes das desigualdades salariais entre indivíduos. As diferenças existem mesmo quando se fala de coisas próximas como as desigualdades de renda entre adultos e as entre famílias. As medidas de desigualdades entre famílias ignoram diferenças entre homens e mulheres dentro das famílias; as medidas das desigualdades entre adultos, por sua vez, ignoram que o consumo das pessoas é feito em função da renda de suas famílias. É assim mesmo. O importante é entender que não existe uma "desigualdade certa", e sim várias maneiras distintas de se olhar para um mundo muito desigual.

A depender do "algo" e do "alguém", as formas de combater a desigualdade podem ser muito distintas. É justamente porque há muitos "algos" e muitos "alguéns" é que o igualitarismo depende de muitas políticas distintas. E este é meu primeiro argumento: não existe uma política de combate à desigualdade; existem políticas, muitas. Criar uma sociedade igualitária exige inúmeras políticas. As várias desigualdades têm origens diferentes e precisam ser tratadas por medidas diferentes.

Meu segundo argumento é que é preciso muito esforço para produzir uma sociedade tão desigual quanto a brasileira. Não é necessário apenas um passado ruim para criar as desigualdades, é preciso um presente injusto para sustentá-las. Porque o esforço foi e é muito grande, o esforço para reverter o estado das coisas também será. Não existem medidas simples para a redução da desigualdade. Vai ser politicamente difícil, vai levar tempo e vai custar caro.

O caso da educação é apenas um exemplo, mas é um exemplo emblemático. Investir em educação é, obviamente, uma medida sensata. Porém, esperar que isso reduza desigualdades de renda a um nível razoável e dentro de um horizonte de poucas décadas, não é. Note que nível superior é o que realmente tem impacto sobre desigualdades salariais, especialmente os cursos de elite; massificar educação superior é um desafio imenso, com custos muito altos. Além disso, educação é um investimento de longo prazo, vão-se quase duas décadas para assegurar nível superior a um jovem e outras décadas até que as novas gerações bem-educadas substituam os trabalhadores já existentes. Finalmente, porque a educação afeta rendas do trabalho, mas nada nos diz que isso reduzirá desigualdades nas rendas de capital. Não existe panaceia: é difícil, leva tempo e custa caro.

O terceiro argumento é consequência dos dois primeiros: toda política tem impacto sobre as desigualdades. Uma forma simplificada de se entender isso é pensar que não existem políticas de combate à desigualdade, existem, sim, os efeitos sobre a desigualdade de cada política. A política monetária, por exemplo, é uma política que pode aumentar ou diminuir desigualdades. A Segurança Pública, o Transporte, o Sistema Previdenciário, o Tributário, tudo afeta desigualdades de alguma maneira, inclusive as de renda. Neste sentido, toda política é política social. Reduzir desigualdades requer olhar para a dimensão distributiva de todas as políticas.

Para reduzir desigualdades é útil entender como é a distribuição da renda entre pessoas no país. O Brasil é caracterizado por uma grande massa de população de baixa renda que se distingue de uma pequena, porém bem mais rica, elite. Há mais ou menos um quinto de gente muito pobre, mas os três quartos mais pobres da população têm renda baixa e dependem muito de serviços públicos gratuitos ou subsidiados para viver. Até os 10% mais ricos têm alguma desigualdade, mas se o Brasil parasse aí, seria um país bastante igualitário. A desigualdade de verdade está no topo, nos mais ricos. Há muito mais desigualdade dentro dos 10% mais ricos do que dentro dos 75% mais pobres. Há mais desigualdade dentro do 1% mais rico do que entre os 9% seguintes. A desigualdade alta no Brasil é resultado de uma combinação da diferença entre os ricos e o resto com as diferenças dentro dos ricos.

O quarto argumento deriva dessa distribuição. Quem quer ver desigualdade tem que olhar para o topo. A pergunta fundamental em economia é quem ganha e quem perde. Quando se olha para a dimensão distributiva das políticas, a questão a levantar é como cada política beneficia o topo e a base. Toda política é apropriada por alguém. Por exemplo, estímulo ao crescimento: vai favorecer o crescimento dos ricos ou o crescimento dos pobres? Fazer essa pergunta para tudo dá um viés igualitarista à abordagem do desenvolvimento.

Há um outro lado desse argumento que nos indica caminhos. Políticas voltadas para a base, como as de redução da pobreza, mudam pouco a desigualdade. O Bolsa Família, por exemplo, reduziu bastante a extrema pobreza no Brasil, mas mudou pouco a desigualdade. Políticas que afetam o topo, como os inúmeros subsídios diretos e indiretos para a produção ou o Imposto de Renda da Pessoa Física, têm efeitos muito maiores.

2 É possível estabelecer alguma relação entre os alarmantes índices de desigualdade social no Brasil e a ascensão da extrema direita? Invertendo a perspectiva: sem enfrentar esse problema efetivamente, como construir uma democracia sólida?

Essa é uma pergunta de Ciência Política, área na qual eu sou leigo. Peço sua permissão para não respondê-la.

Rigorosamente falando, democracias sólidas foram construídas sobre sociedades desiguais (por exemplo, EUA, França etc. até as Guerras) e desigualdade baixa foi obtida sem democracia (por exemplo, URSS). Sou cético em relação a todo esforço de vincular desigualdade e democracia, mas é mais prudente eu não me manifestar sobre o assunto.

3 Como analisa a importância das eleições em outubro de 2022 para o futuro do Brasil?

Se comparada a qualquer eleição dos últimos trinta anos, a eleição de 2018 foi um divisor de águas. Antes dela, todas as candidaturas se esforçaram para construir sobre o legado recebido. Na de 2018 a proposta foi de ruptura radical e desmonte de muitas políticas antecessoras. Parte desse desmonte prometido se concretizou, parte do desmonte realizado sequer prometido foi. As eleições são um novo divisor, uma disputa entre retomar as linhas gerais de condução política por três décadas, ou prosseguir no desmonte.

O custo social da manutenção do estado atual das coisas é imenso. Mais grave não é o presente, mas o futuro que está sendo construído – ou destruído, para ser mais preciso. Instituições políticas e econômicas já foram erodidas e os efeitos disso serão sentidos para além do próximo mandato. É muito arriscado prever o futuro de um governo, pois boa parte da desigualdade não é determinada por ações da presidência da república, mas as coisas foram levadas a um ponto tal que a eleição de 2022 é no fundo uma decisão entre uma piora provável da vida de grande massa da população brasileira em relação à década anterior e alguma possibilidade de reversão desse quadro em um futuro incerto.

Enfrentar grandes problemas sempre exige algum grau de otimismo. Mas não deve haver muito. A próxima presidência herdará problemas consideráveis e dificuldades imensas de administração. O regime fiscal futuro está comprometido por inúmeros erros de administração, políticas públicas de várias áreas regrediram em termos de gestão e o ambiente político no Legislativo, que já não era dos melhores, regrediu. A próxima presidência terá que governar com orçamento restrito, pressões políticas oportunistas, pouca colaboração de várias elites e mau desempenho da economia nacional e, ao que tudo indica, um cenário internacional instável.

Tudo isso tem efeitos de longo prazo. As eleições de 2022 são apenas um passo de um desafio muito maior, de proporções tão grandes que provavelmente excederão o próximo mandato. Também importantes serão as próximas eleições para o Legislativo e a formação dos novos quadros políticos que sucederão os atuais.

Marcia Tiburi

[Graduada em filosofia e artes, mestre e doutora em filosofia pela UFRGS (1999). Ensinou em várias universidades e atualmente leciona na Universidade Paris 8. Escreveu diversos ensaios e romances e atualmente se dedica às artes visuais. É eco-feminista e foi candidata ao governo do Rio em 2018.]

1 Seu trabalho, numeroso e multidisciplinar, incluindo pensamento, criação literária e artes visuais, é um constante apelo ao diálogo com a alteridade. *Como conversar com um fascista* apresenta "reflexões sobre o cotidiano autoritário brasileiro" que se revelaram proféticas: um instantâneo do futuro imediato.[1] Hoje, como conversar com eleitores de Bolsonaro em 2018 que se arrependeram de seu voto?

A sua pergunta nos confronta com o sem fundo da catástrofe: há os arrependidos e assustados com o que adveio, pessoas com as quais certamente se pode conversar, mas há um contingente imenso da população que não vai se arrepender do seu voto em Bolsonaro. A franja lunática e autoritária da sociedade que sustenta o fascismo permanece animada e resistente. Todos os historiadores e filósofos que se dedicaram a analisar o fascismo sabem que esse contingente de lunáticos é parte fundamental da estrutura de qualquer democracia. Essa parte da população é composta de personalidades autoritárias, sobretudo oligarcas e neoliberais, de nazistas organizados em células, de cristofascistas também organizados em células, de milicianos e criminosos que fizeram da política o seu campo de ação e todo tipo de psicopata, incluindo os pró-vida. Essa constatação, nos leva a uma

1 Marcia Tiburi. *Como conversar com um fascista. Reflexões sobre o cotidiano autoritário brasileiro*. Rio de Janeiro: Editora Record, 2015.

questão dura, mas que pode nos ajudar a avançar: por que o fascismo brasileiro pegou tanta gente desprevenida?

O que tem meu livro a ver com isso?[2] Manuela D'Ávila, que sofreu demais com o fascismo e a violência política de gênero que dele faz parte, me disse mais ou menos o seguinte: "Você falou muito cedo, as pessoas não estavam preparadas". Dizer "eu avisei" agora, soaria prepotente e seria inútil. Contudo, tem algo que importa nesse "aviso" e na "surpresa" por ele causada. Certamente eu não fui a única a perceber que a política sofria desde 2013/2014 um avanço rumo ao fascismo, mas éramos muito poucos. Se houvesse mais intelectuais a "avisar" talvez não estivéssemos nessa situação. Contudo, eles só poderiam ter "avisado" se conhecessem o tema, mas se, além disso, estivessem preocupados em usar seus conhecimentos para intervir na esfera pública, algo que eu sempre busquei, em que pese que possa ter cometido erros de visão e de posição que, ao longo do meu processo de politização, venho tentando corrigir. Digo isso pelo seguinte: se tivéssemos uma hegemonia do conhecimento e não uma hegemonia da ignorância como vemos hoje, certamente tudo seria diferente. A equação social que precisa ser resolvida em nosso país, quiçá no mundo, concerne ao espaço ocupado, de um lado, pela ignorância e

2 Me sinto no dever de destacar um aspecto do meu discurso. Várias vezes, escrevo em primeira pessoa nos textos em que acredito que a minha posição como sujeito histórico e como testemunha se faz necessária. Já recebi críticas de homens – nunca de mulheres – que interpretam a minha autorreferência como um incômodo. Pois bem, compreendo que o "universal" pressuposto na "neutralidade" do discurso em terceira pessoa faz parte de uma vertente da filosofia mundial, a saber, a europeia patriarcal, embora muitos filósofos homens, em geral grandes e conhecidos críticos da filosofia tradicional como Nietzsche e Walter Benjamin, tenham também optado pela primeira pessoa do singular na exposição de suas filosofias. Ora, o tema do "eu" é também objeto – e não apenas sujeito – das investigações de vários autores também na filosofia analítica. Em meu texto, a exemplo de outros, ofereço o "eu" com um objetivo performativo. Contudo, além da linhagem da filosofia como autoconfissão e gesto de sinceridade, me inscrevo na linhagem das filosofias feministas, para as quais a autodeclaração é um ato político de conquista de autobiografia, algo importante para o corpo-trabalhador-sexualizado que o patriarcado chamou de "mulher", categoria por meio da qual eu também sou heterodenominada. Já Simone de Beauvoir havia dito que um dos ônus de se ser uma mulher é o de precisar sempre se justificar.

pela prepotência e, de outro, o espaço ocupado pela lucidez e pelo discernimento. Estamos num profundo desequilíbrio de forças. O fascismo venceu porque era desconhecido da imensa maioria e nisso reside a sua grande força. É na ignorância – aliás, produzida pelo capitalismo através da indústria cultural e da sociedade do espetáculo, como mecanismos de fetichização das massas – que o fascismo frutifica.

Apesar do golpe de 2016, da campanha marcadamente fascista de Bolsonaro, do governo em que os símbolos nazistas vieram à tona, a dúvida sobre o que se passava no Brasil durou muito tempo e ainda há quem duvide do que está acontecendo hoje. Muita gente ainda não percebeu que o fascismo é filho do capitalismo, irmão gêmeo do neoliberalismo e neto do patriarcado. Evidentemente, não podemos exigir que todos saibam disso, pois se trata de um assunto de especialistas. Ao mesmo tempo, é aí que mora o problema. Os especialistas muitas vezes estão atrasados. Nesses anos todos, eu tentei, dentro de meus limites, acelerar o passo, pois já sabia onde tudo isso ia dar. Quem estuda o tema, sabe muito bem onde o fascismo vai chegar se o freio de mão da história não for puxado. Digo isso, porque acho louvável que haja mais intelectuais públicos no Brasil atuando pela melhoria da reflexão na esfera pública. Digo isso pensando na colaboração que os intelectuais, sobretudo os professores, têm para dar à esfera pública. Eu acredito que somente uma "cultura do diálogo" poderá nos livrar do fascismo e podemos e devemos construir essa cultura.

Mas voltemos ao problema inscrito na surpresa com o fascismo. Ela é fruto de desconhecimento e, como estamos vendo, o desconhecimento gera monstros. E quem pode lutar contra o desconhecimento gerador de monstros? Os intelectuais, que são os agentes da educação e da cultura. Nesse sentido, acredito que uma autocrítica dos intelectuais pode nos ajudar a superar esse estado de coisas, antes tarde do que nunca. Onde estiveram os intelectuais até agora no combate ao fascismo? A propósito, a quem estou chamando de "intelectuais"? A uma classe que, no Brasil, ocupa as universidades e um certo espaço midiático. Os intelectuais são operadores da informação, da cultura e da educação que, no Brasil em geral, são burgueses.

Muitos intelectuais, como eu, por exemplo, vêm da classe trabalhadora, mas depois assumem a forma de vida burguesa inscrita na forma de proceder das instituições. Não haveria problema nenhum nisso se a forma de vida burguesa não pressupusesse as várias formas de desigualdade. Infelizmente, há intelectuais engajados (usarei aqui um conceito de engajamento amplo e aberto) na produção e reprodução da desigualdade e não na igualdade. Mais que isso, a meu ver, podemos dividir os intelectuais em dois tipos: os burgueses e os antifascistas. Os intelectuais burgueses estão sempre engajados por adesão, por simpatia ou por negligência, no fascismo. Certamente, há diferenças entre esses tipos. Assim como há diferenças entre os intelectuais antifascistas. Por exemplo, uns se engajam em partidos de esquerda (finalmente isso está deixando de ser anátema, eu mesma que sempre fui muito anarquista para suportar um partido, me filiei ao PSOL em 2013 e, numa correção de rota, ao PT em 2018) e outros vêm se engajando na Internet e, acredito que essa ação dos intelectuais na Internet possa passar a funcionar como um verdadeiro movimento. Digo isso pensando que a Internet não deve ser naturalizada e nem banalizada. Ela deve ser ocupada, pois foi isso que a extrema direita fez por anos e anos até chegar onde chegou. Não há espaço para me estender nisso, mas basta saber que Bolsonaro saiu do seu habitat natural miliciano carioca e atingiu o cargo mais alto da nação através do uso da internet, diga-se de passagem, um uso absolutamente inescrupuloso.

O papel dos intelectuais precisa ser renovado diante da guerra cultural contra o conhecimento e a democracia. Os intelectuais engajados seja nos partidos, seja na Internet, terão ainda mais responsabilidades nos próximos tempos que exigem a superação do fascismo que tomou conta da sociedade. Esse será nosso assunto pelas próximas décadas. Isso foi o que aconteceu na Alemanha, uma sociedade traumatizada pelo regime nazifascista. O Brasil se parece muito com a Alemanha daquela época, salvo as condições tecnológicas que hoje são muito avançadas e configuram o que eu chamei de turbofascismo. No nosso caso, o processo de desnazificação será também muito difícil porque, além de tudo, o fascismo brasileiro faz parte do metabolismo social que envolve subjetividades e sistema tecnológico produtor e reprodutor de subjetividades. Além da mídia, dona e senhora da difusão de informação e desinformação, de ideologias e ideias, há à religião de mercado. O circuito de manipulação e mistificação tomou a vida cotidiana produzindo um sistema de crenças nos qual os preconceitos e todo tipo de ódio se tornaram essenciais à própria forma de vida. Vai ser difícil liberar consciências nesse cenário em que se constituiu um *habitus*, um modo de ser essencial. O desafio do governo democrático que há de vir, será o de produzir políticas públicas educacionais e culturais que promovam a filosofia e as ciências humanas, que fomentem as pesquisas nas Universidades para que a hegemonia do conhecimento suplante a da ignorância. Nesse cenário, os intelectuais terão que ocupar conscientemente uma postura de engajamento e as universidades e todo o sistema de ensino deverá passar por um processo de desemburguesamento, ou seja, precisamos de uma transição democrática, anticapitalista, agroecológica e feminista.

Para finalizar, me parece evidente que a responsabilidade moral e política dos intelectuais é imensa em um país em que a desigualdade econômica e social é acompanhada de desigualdade educacional e cultural. Precisamos falar de responsabilidade social, ética, política, educacional e cultural de todos os cidadãos, mais ainda dos que detém a máquina de produção de conhecimento.

Por isso, ocupar a esfera pública onde é necessário enfrentar debates e, cada vez mais, enfrentar os fascistas que precisamos derrubar, torna-se um imperativo moral. É imprescindível que os intelectuais ocupem as redes sociais onde se desenrola o cotidiano virtual absolutamente lotado de pessoas sem acesso à informação honesta e ocupado por espertalhões fascistas. Creio que juntando os esforços do governo que há de vir e da sociedade civil voltada à democracia e ao conhecimento, poderemos recuperar um pouco do que perdemos nesses anos de retrocesso.

2 Derrotar Bolsonaro nas eleições é requisito indispensável para conter a barbárie que ameaça o país. No entanto, superar o bolsonarismo é o grande desafio. De forma direta: o que deverá substituir o bolsonarismo a partir do ano que vem?

Há anos eu venho falando de "cultura do diálogo". Do meu ponto de vista, é essa cultura que devemos colocar no lugar do chamado bolsonarismo, nome que se tornou comum, mas que tem o grande defeito de mascarar o termo "fascismo", ou seja, o fascismo à brasileira, o que de fato, o bolsonarismo é. Creio que é importante enfrentar o fascismo como um fato, para não nos iludirmos de que seja menos mau do que ele é. A monstruosidade do fascismo não pode ser velada, pois o velamento ajuda a sua manutenção.

Vemos no fenômeno do fascismo à brasileira que se produziu entre nós, resquícios de nazismo, de integralismo, de ditadura militar, de grupos de extermínio do milicianato carioca, de retorno do racismo (que sempre existiu, mas agora retorna espetacularizado e sem vergonha nenhuma) e do trabalho escravo que caracterizaram os tempos do horror escravocrata, vemos nele as habituais táticas do patriarcado e os jogos de poder das oligarquias, bem como o terrorismo. Vemos nele o neoliberalismo que toma o Brasil como um laboratório, como um campo de testes que, a cada dia, se assemelha mais a um campo de concentração e de extermínio.

Portanto, não podemos pensar que o bolsonarismo seja só a

aventura do grotesco político entre nós, de um casamento entre generais cafonas com milicianos que se mudam das periferias do Rio de Janeiro para a Barra da Tijuca para viver na estética do novo rico e que vencem no grito e na ameaça, instaurando a barbárie geral.

Sabemos que o bolsonarismo gosta de dinheiro e poder, de gritaria e baixaria, e mesmo que seja derrotado em 2022 para a eleição presidencial e também derrotado no congresso nacional, seguirá ocupando todos os espaços porque essa é a natureza do patriarcado capitalista e do fascismo. Logo, precisamos impedir que essas tendências avancem. Para isso, há que se ocupar o congresso nacional e as assembleias legislativas nas eleições de 2022, há que se ocupar todos os espaços e cargos de decisão possíveis agora. Além disso, precisaremos de um projeto de educação e cultura nacionais, o que inclui os meios de comunicação de massa e o sistema de justiça rumo à desfascistização e desnazificação do país. Isso tem que ser levado a sério imediatamente. É uma das atitudes mais urgentes que o governo democrático precisará tomar.

Por fim, o bolsonarismo pode ser lido também como um alerta pelo qual se sabe que se as forças democráticas não ocuparem a política, os representantes da personalidade autoritária, ou seja, os fascistas, ocuparão todos os espaços e transformação a vida no Brasil em algo inviável e insuportável, como se viu até agora, e ainda mais. O jogo de poder dos fascistas não é apenas um simbólico elogio à morte, mas uma apologia pragmática e performativa que visa a destruição e o extermínio de todos.

Na notória incitação de Bolsonaro à guerra civil, o que ele busca é a intensificação do espetáculo do banho de sangue que já vem acontecendo. O banho de sangue se dá de diversas formas: na matança de indígenas, de jovens e crianças nas favelas, na matança de mulheres em suas casas, na matança de ativistas. Bolsonaro quer mais e lava as mãos antes que todos se matem a seu pedido.

Ora, todas as matanças são sintoma de um projeto do qual armar a população é parte. Temos um aumento dos índices de violência e todos são promovidos na retórica de ódio, de confusão e desnorteio promovidos pelo presidente atual. A matança de pessoas idosas, pobres ou com comorbidades na pandemia, foi uma espécie de pogrom.

Precisamos de uma hegemonia do conhecimento que possa combater a hegemonia da ignorância e da brutalidade que vemos hoje. Precisamos de uma cultura do diálogo contra a cultura da violência e do preconceito, do extermínio, do estupro e do assédio. Nessa medida, ocupar as redes sociais, ocupar todos os lugares numa luta por hegemonia democrática radical é o caminho para vencer as eleições em 2022. A luta agora é por garantir o *minimum minimorum* de democracia e instaurar uma cultura de diálogo, para além de toda mistificação.

3 Como analisa a importância das eleições em outubro de 2022 para o futuro do Brasil?

Precisamos olhar a eleição de 2022 à luz da eleição de 2018. Dessa última, posso falar na condição de testemunha, pois fui candidata ao governo do Rio. Logo que estava fora do Brasil, publiquei um livro chamado *Delírio do Poder – psicopoder e loucura coletiva na era da desinformação* (Record, 2019), no qual faço um relato de momentos do processo eleitoral, além da reflexão sobre conceitos que emergiam da experiência vivida. Meu interesse sempre foi o de ajudar a construir uma filosofia da cultura política brasileira e esse mergulho me mostrou muita coisa, sobretudo a densidade do marco do poder do Rio e o funcionamento dos homens e dos milicianos na política. Quem conhece o modo de fazer política no Rio entende o que está acontecendo em Brasília com os grupos de extermínio no poder. Do meu livro daquela época, merece destaque um capítulo em que analisei a condição de "intrusa" na política. Como candidata "mulher" sofri perseguições, ameaças, ojerizas, discursos de ódio de todos os lados, inclusive por gente de esquerda, experimentei produção de *fake news*, inclusive por gente de esquerda, assédios e manipulações que eu resumiria na mensagem "você se meteu onde não foi chamada". Uso o meu próprio exemplo que é o de muitas mulheres que se envolvem com política partidária, mas também para me reportar a todos os grupos de cidadãos que, não sendo afeitos à "política profissional", tem dificuldade para participar dela justamente porque o território dos cargos é disputado pelos homens entre eles. Mulheres e pessoas LGBTQIA+ serão rechaçados, mas também pessoas afrodescendentes, pois a política partidária é, além de patriarcal, racista. Somos todos intrusas e intrusos. De fato, na ausência de representantes do povo, a democracia se torna fraca até a sua degradação em demagogia, que é o que vemos hoje no parlamento brasileiro. Todos os que tentarem penetrar nesse território minado pelos "donos do poder" sofrerão ataques porque o latifúndio da política não será aberto a outros habitantes. Não podemos nos intimidar com a intimidação sobre nós, pois essa é a tática autoritária por excelência. Devemos seguir. Formar uma bancada de feministas, de intelectuais, de artistas, de cientistas, de defensores da democracia. Não podemos deixar o congresso nacional à deriva da bancada da bala, da bíblia e do boi.

Precisamos avançar sabendo que 2022 vai repetir 2018 na enésima potência. A campanha de 2018 foi baseada no grotesco e no ridículo político, bem como a ameaça subliminar de morte para todos que vem se concretizando ao longo dos anos. O sinal de arminha de Bolsonaro invadiu a cultura como algo inocente, mesmo sendo a marca da iniquidade insidiosa e letal.

Além disso, não podemos deixar de lado que a campanha de 2018 e a vitória de Bolsonaro foi possível graças ao golpe de 2016 que destituiu Dilma Rousseff e colocou a triste figura de Michel Temer no poder. O Golpe de 2016 não será compreendido sem irmos aos acontecimentos de 2013 e de 2014, ano em que surge a Lava Jato e o MBL. A Lava Jato tinha a função de prender Lula e o MBL foi o primeiro grupo de agitadores fascistas que tinha a função de criar focos de polêmica para causar efeitos de agitação nas massas, daí as cenas moralistas em relação a obras de arte e artistas e eu mesma fui alvo principal desses agitadores. Ambos serviram de abre alas ao fascismo, ambos tiveram patrocinadores nacionais e estrangeiros, financeiros e ideológicos. Ambos jogaram com o populismo e conseguiram a façanha de se tornarem "pop". A Lava Jato era uma canalhice que foi desmascarada pela Vaza Jato e o MBL, há tempos envolvido em escândalos, vem se autodestruindo por seus próprios meios. Tudo isso parece que vai desaparecer, mas precisamos estar atentos, pois se desenvolveram como tecnologias políticas e podem voltar com força mesmo que sejam derrotados nas urnas. Ou seja, o cuidado e as medidas antifascistas precisam ser pensados a curto, médio e longo prazo e todos envolvem educação, segurança e cultura em um projeto interseccional.

Maria José Silveira

[Escritora, tradutora e editora. Formada em Comunicação, Antropologia e mestre em Ciências Políticas, foi sócia fundadora e diretora da Editora Marco Zero. Seu primeiro romance recebeu o prêmio APCA de Revelação. Foi finalista dos prêmios Oceanos, São Paulo e Jabuti. Tem romances publicados nos Estados Unidos, Itália, França, Chile, Espanha e China.]

1 O bolsonarismo é uma autêntica máquina de desinformação e negacionismo. O passado é revisitado e deturpado para assegurar posições de poder no presente. Sua ficção realiza uma complexa interseção entre ficção e história. Qual poderá ser o papel da literatura na reconstrução do país após a superação do governo enquanto arquitetura da destruição?

Não há uma resposta única para essa pergunta já que não há como prescrever receitas para a literatura. Ou ela será livre ou não será.

Dito isso, no entanto, e sem o peso da prescrição, é possível pensar que nossa literatura pós-destruição, devido inclusive ao patamar a que chegou, continuará abrindo o caminho da diversidade e da atenção às múltiplas mazelas vindas de nosso passado de colônia escravocrata, um passado que formou essa classe dominante incapaz de enxergar as insolúveis contradições que continuamente provoca.

Esse passado, obviamente, logo incluirá os anos bolsonaristas agora em seus estertores e que, sem dúvida, estarão relegados à lata de lixo da história. Nem por isso, no entanto, deixarão de nos exigir a gigantesca reconstrução de tudo que foi destruído nesses quatro escorchantes anos em que a estupidez e a necropolítica predominaram.

Ao eleger a cultura como um de seus inimigos, esse desgoverno se fez criando-lhe todo o tipo de obstáculos como cortes de verba e a própria destruição do Ministério da Cultura que passou a ser um mero apêndice do Ministério do Turismo (!), tendo como máxima autoridade um sujeito inclassificável e, no Ministério da Educação, uma fileira de outros mais inclassificáveis ainda.

O vácuo criado por esse ato provocou – para espanto dos que o abriram – uma forte reação da comunidade cultural. Não só de denúncias e protestos, mas de iniciativas concretas que conseguiram, com esforço e garra, preenchê-lo de alguma forma, como mostra a aprovação da Lei Aldir Blanc e da Lei Paulo Gustavo.

Esse vácuo também criou, nos vários campos de nossa vida, contradições repletas de fissuras e brechas. No campo da literatura, elas têm sido muitas.

Entre elas, algo muito importante. O paradoxo criado desde 2013, passando pelo golpe contra a Dilma e o governo Temer, até chegar ao momento em que, envergonhadamente, vimos o pior presidente que poderíamos ter conspurcar a faixa verde-amarela da mais alta autoridade da República, é o mesmo paradoxo que, ao escancarar e exacerbar as contradições violentas da sociedade brasileira, deixou claro algo que nem todos os brasileiros admitiam: como a política é fundamental para a nossa vida mais comezinha. E, ficando isso claro em nosso cotidiano, ficou também claro para muitos escritores e críticos de literatura – que até então teimavam em considerar que política e literatura não se misturavam – a necessidade (para alguns até imperiosa) de enxergar a possibilidade, e mesmo necessidade, dessa mistura.

Como escritora, tenho uma certeza: é o que vivemos que forma e provoca nosso olhar de escritores. Ninguém foge de sua vida, muito menos o escritor.

E como sabe quem conhece meus livros, essa interseção profunda entre ficção, história e política está tão integrada em minha literatura que até meu romance mais recentemente publicado, *Aqui. Neste lugar*,[1] escrito em um momento pessoal particularmente doloroso (a

---

1 Maria José Silveira. *Aqui. Neste lugar*. Belo Horizonte: Editora Autêntica, 2022.

morte do meu irmão mais velho), momento em que pensei escrever uma fantasia com nossos mitos e lendas brasileiros mas que nada tivesse a ver com a realidade, acabou tendo tudo a ver com ela ao se revelar uma metáfora de nosso país.

Não me surpreendi, portanto, ao ver que esses anos turbulentos foram deixando claro para quase todos que também para um país não há saída fora de sua História (o que, obviamente, inclui a política). E creio que foi isso, justamente, essa vivência cotidiana de um desgoverno autoritário, o que provocou uma reviravolta no olhar de escritores que passaram a focar, não apenas no momento histórico em que estávamos vivendo, mas também nos próprios fundamentos de nosso país.

Deu no que deu: romances diversos que já não temem tratar desses temas candentes reluzem nas estantes das livrarias. E nesse mesmo movimento, pequenas editoras e novas livrarias começaram a pipocar a nossa volta; novos autores foram publicados; autores negros e autores indígenas começaram a ocupar espaços que antes lhes eram negados; grupos de leitura de literatura foram criados por todo o país, com reuniões presenciais e/ou via internet.

Aqui, um senão: quem até agora faltou a esse encontro com a literatura foi, para variar, a imprensa. Que continuou a não dar muita bola nem espaço – com raras exceções – a esse movimento de reação e resistência em torno dos livros e da literatura.

Mas basta um olhar atento para ver que o mercado editorial, apesar de todos os entraves, obstáculos e falta de verbas, voltou a florescer. Coisa bem bonita de se ver. O que às vezes me faz pensar – claro que exagerando um tanto – no slogan maoísta em um momento de apogeu cultural na China: "Que floresçam mil flores."

Que seja esse, então, o papel de nossa literatura nos anos de reconstrução que vêm pela frente: continuar a florescer. Com sua riquíssima diversidade e seu olhar para o país.

2 Em ensaio célebre, Antonio Candido defendeu com brilho "O direito à literatura".[2] Não terá chegado a hora de pensar no "direito à leitura"? Num país de leitores literários teria sido possível o fenômeno Bolsonaro?

A literatura nos humaniza. E, por isso, justamente, é uma necessidade universal cuja satisfação constitui um direito humano. É o que Antonio Candido magistralmente nos mostra em seu ensaio.

Essa verdade, hoje, só os bárbaros a negam. Bárbaros como esses que em pleno século XXI estão enxovalhando o Palácio do Planalto, os Ministérios, parte grande do Congresso.

Sim, enxovalham, mas estão lá.

Estariam se ao povo fosse dada a possibilidade de ler bons autores?

Para que pudéssemos tentar uma resposta, teríamos, primeiro, que suprir a carência secular de bibliotecas em nosso país. A falta de uma política pública que distribuísse a mancheias bibliotecas com livros de autores clássicos e contemporâneos, estrangeiros e brasileiros, a diversidade dos livros, em cada escola, em cada cidade, em cada bairro, é uma das tragédias que marcam nosso país.

Isso, de certa forma, significa enfatizar o que está implícito no "direito à literatura" defendido por Antonio Candido, tornando mais clara a parte do "direito à leitura" e, em consequência, "o direito ao acesso ao livro".

Direitos que – não nos esqueçamos – estão umbilicalmente ligados ao "direito à educação", até hoje tão ineficaz entre nós. Nossas deficiências nessa área são abissais. As tentativas de saná-las, inúmeras, mas nunca suficientes. E vão desde a precariedade dos prédios escolares até a justa valorização dos professores. Uma reconstrução gigantesca terá que se dedicar a essa parte, ou jamais seremos o que poderemos ser.

---

2 Antonio Candido. "O direito à literatura". *In*: *Vários escritos*. São Paulo/Rio de Janeiro: Duas Cidades/Ouro sobre Azul, 2004.

Felizmente, também aqui, em muitos e variados lugares há uma luta acirrada dos professores e das comunidades contra esse estado de coisas. Há buracos e tristezas enormes mas não há paradeiro. Um exemplo: o projeto de instaurar a militarização das escolas até agora tem fracassado retumbantemente.

Dito isso, voltemos à questão do acesso ao livro.

O direito à leitura sendo um direito do cidadão supõe, *sine qua non*, o acesso universal aos livros que só um sistema de bibliotecas competentemente montado pode oferecer. Bibliotecas que tratem os livros não como peças mortas de um estranho museu, mas como fonte de conhecimentos e prazer. Bibliotecas vivas que saibam atrair e cultivar todo tipo de leitor. Que não estratifiquem os livros em melhores e piores, e que não apresentem unicamente literatura mas outros tipos de livros que aquela comunidade queira e necessite ler. Bibliotecas que teriam condições de atender aos pedidos de seu público porque estariam ligadas a um sistema que emprestaria livros de uma biblioteca à outra.

Essa seria a construção democrática de acesso à leitura que algum dia poderemos ter. E assim atender à gigantesca carência desses 500 anos de acesso ao livro restrito sobretudo às elites.

E o que aconteceu nesse desgoverno? Segundo estatística recente, 764 bibliotecas foram fechadas, enquanto 1.006 clubes de tiro foram abertos.

(*No comments here.*)

Antes de terminar, outra questão: devemos pensar também nas livrarias. Elas fazem parte de um sistema saudável de distribuição e acesso ao livro.

Fazem muita falta.

Mas para que se espalhem, também elas enfrentam uma enorme dificuldade: nosso mercado editorial ainda não foi capaz de criar um sistema de distribuição que possibilite a criação e manutenção de pequenas livrarias pelo interior. Por outro lado, o projeto da lei do preço único – que daria condições de equidade às pequenas, médias e grandes livrarias – há anos tramita aos trancos e barrancos no Congresso.

É mais do que hora de considerar tudo isso em um novo governo.

Grande utopia? Torço para que não seja. Pois nossa sociedade só será realmente igualitária e justa se conseguir também transformar o direito à leitura em prática cotidiana de todos os brasileiros.

3 Como analisa a importância das eleições em outubro de 2022 para o futuro do Brasil?

A sociedade de classes é um *continuum* de avanços e retrocessos. Contradições e conflitos terríveis são sua marca.

Já tivemos momentos tão ou mais duros do que esse de agora, como – para não ir muito longe, os 21 anos da ditadura civil-militar. Os que viveram e os que leem sobre aquele período sabem o que isso nos custou, tanto no campo econômico – a Reforma Agrária, por exemplo, que daria outra cara ao país, talvez pudesse ter sido feita –, quanto no campo social e político – quantas mortes, desaparecimentos, exílios, arrochos salariais, alta do custo de vida, inflação, obscurantismo, decisões erradas nos afastaram do rumo em que estávamos antes do golpe de 64?

Com luta e sangue, essa época passou, mas nos deixou o terrível legado que voltou a nos assombrar com a eleição de 2018.

Quem havia de imaginar que nosso povo, um povo que julgávamos conhecer, seria capaz de eleger um miliciano torturador para presidente? Naquele ano, tínhamos uma escolha mas, para nossa imensa perplexidade, a deixamos passar.

Vimos, então, nosso país aprofundar seu descaminho para uma terra de negacionismos, estupidezes, ignorâncias, violência de todo tipo, desemprego, sem-teto, obscurantismos, perseguição aos indígenas e pobres, corrupção deslavada, vergonhas, transformando o lugar onde nascemos e vivemos em um território, para nós, quase desconhecido.

Quem são esses homens e mulheres que votaram nele? Onde se escondiam? Porque não se trata apenas da direita como a conhecíamos, mas de uma horda fascista contra tudo o que acreditamos. Onde estavam eles? Foram insuflados pela mídia contra o PT, sim, mas não foi a mídia quem os criou, incrustrdos como estavam em quase todas as classes sociais, em quase todas as famílias?

Passado o estarrecimento inicial, essas perguntas foram sendo enfrentadas, a indignação dando lugar ao desconsolo generalizado mas, também, às reações que necessariamente haveriam de se seguir. Ficamos, coletivamente, muito tempo paralisados, mas não estávamos mortos. Estávamos desesperadamente vivos e, quando veio a pandemia, mostramos o quanto.

Várias iniciativas individuais ou em grupo foram sendo construídas, no campo das artes, da música, das universidades. Livros foram sendo escritos, tanto romances quanto ensaios e teses que buscavam entender o que acontecia, como o importante *Guerra cultural e retórica do ódio*, de João Cezar de Castro Rocha, e os livros dos líderes indígenas, Ailton Krenak e David Kopenawa, nos apresentando um novo modo de pensar; lives e mais lives sendo feitas com debates que iluminavam nossa realidade; as artes plásticas brilhando com a arte de um Jaider Esbell e as manifestações artísticas da luta indígena em plena Praça dos Três Poderes; a música que vinha nos animar com vários cantores e compositores, como os vídeos da Tereza Cristina e da Monica Salmaso, entre outros, e recentemente o samba do Chico Buarque que parece repetir o "Apesar de você", nosso hino contra a ditadura civil-militar; pichações como as de antes do AI-5; grafites espetaculares; peças de teatro encenadas on-line; os mais variados vídeos.

Se não podíamos ir para as ruas, erguemos, nas redes sociais, nosso bastião de resistência.

Sobrevivemos e resistimos, o que não é pouca coisa frente ao tanto que nos impingiram.

Agora é hora de retomar as ruas. Apesar de tudo e de todos os que se aliaram à necropolítica, e desde as lutas contra os vinte e um anos de ditadura civil-militar, temos construído um caminho esperançoso e é preciso defendê-lo.

Depois desses quatro anos de tanta destruição e indignação, vamos viver em outubro um momento em que já não temos escolhas. Ou saímos disso tudo com Lula, ou seremos esmagados até o fundo desse pântano.

Nina Santos

[Diretora do Aláfia Lab, coordenadora acadêmica do *desinformante (https://desinformante.com.br/), pesquisadora do INCT.DD/UFBA. Pós-doutoranda no Instituto Nacional de Ciência e Tecnologia em Democracia Digital e pesquisadora associada do Centre d'Analyse et de Recherche Interdisciplinaires sur les Médias (Université Paris II). Foi pesquisadora visitante no Center of Advanced Internet Research (CAIS – Alemanha, 2020) e no grupo Social Movements in the Global Age, na Université de Louvain-la-Neuve (SMAG – Bélgica, 2018). Sua Tese de Doutorado, defendida na Université Paris II, foi premiada com o Prix de Thèse da instituição e indicada ao Prix de la Chancellerie des Universités de Paris.]

1 Em seu trabalho, há um estudo profundo da democracia digital, com seus traços atuais – ativismo e campanhas oficiais, o papel do WhatsApp em campanhas políticas, entre outros temas.[1] Qual o impacto dessa transformação na política brasileira a partir de 2013?

Os protestos brasileiros de 2013 foram, sem dúvida, um ponto de inflexão. Milhões de brasileiros foram às ruas exigir melhor qualidade de vida. Eles mostraram que a sociedade civil havia encontrado uma nova forma de organização e expressão de descontentamento. Os atores tradicionais da vida política brasileira, como partidos políticos, sindicatos e movimentos sociais tradicionais tornaram-se atores secundários: participantes ativos, mas não líderes dos movimentos que levaram milhões às ruas do país. As pessoas começaram a se mobilizar por outros meios e causas. Os protestos de 2013 podem ser vistos como um evento, como um acontecimento capaz de deslocar construções dominantes da realidade e abrir novas formas de vê-la e interpretá-la.

Embora a explicação para esse fenômeno seja complexa e envolva

1 Nina Santos. "*Fake news* e *mundos* de *pós-verdade*: que *democracia* em *jogo*?" *Revista Compolítica. 2020, vol. 10*(*3*).Ver aqui: http://compolitica.org/revista/index.php/revista/article/view/424.

uma série de diferentes causas políticas, econômicas, culturais e sociais, um novo elemento foi certamente central nessa virada de chave: o uso intenso das mídias sociais. Se esse uso começou a ganhar grande atenção na vida política brasileira em 2013, ele permaneceu central em importantes mudanças políticas nos anos que se seguiram.

Trata-se de um momento no qual há uma forte reivindicação de expansão da cidadania, uma demanda pela inclusão de vozes antes silenciadas. O ambiente digital e, especificamente as mídias sociais, acabam sendo apropriados como *locus* central desse processo.

É justamente nas redes que essa possibilidade se materializa em meio a uma multiplicidade de mídias e de fluxos informativos. Esse processo tem um duplo efeito. De um lado, ele é capaz de incluir novas vozes no debate público. Vozes antes silenciadas e apagadas por aqueles poucos que controlavam a informação. Aumenta-se a liberdade editorial e de fala ao mesmo tempo em que se aumenta o potencial de garantir uma menor desigualdade entre diferentes pontos de vista, experiências e vivências. Fortalece-se a democracia.

Por outro lado, essa multiplicidade abre também espaço para conteúdos nocivos, produzidos para desinformar – seja por interesse político ou econômico. Cria-se, dessa forma, uma possibilidade ampla e disseminada de usar a manipulação da informação como arma política, o que certamente funciona no sentido contrário do que vimos anteriormente e resulta no enfraquecimento democrático.

É possível dizer, portanto, que as consequências desse processo estão em disputa. Não faz sentido pensar em um efeito direto da própria existência de uma tecnologia sobre o funcionamento político de uma sociedade. Não são as mídias sociais em si que fazem com que a democracia se torne mais ou menos forte, mas sim os usos e apropriações que se faz dessa tecnologia e desse espaço de sociabilidade.

A má notícia, então, é que não será uma invenção tecnológica mirabolante que resolverá nossos problemas. A boa, por outro lado, é que há espaço para disputar o papel que essas tecnologias podem ter em nossas sociedades. Isso passa certamente por entender, debater e construir coletivamente normas e acordos de funcionamento para estes ambientes. Entendê-los como espaços de interesse público, de construção do debate social, é crucial para que possamos avançar no sentido de torná-los mais democráticos.

2 O avanço transnacional da extrema direita parece ser indissociável do domínio das técnicas do universo digital e do mundo das redes sociais, aplicadas à política. Por que o campo progressista parece ser menos ágil na assimilação dos elementos da democracia digital?

A apropriação política de novas tecnologias de comunicação certamente não se dá de forma homogênea ao longo do espectro político. E o caso brasileiro é exemplar dessa grande diferença no uso do ambiente digital.

Quando lembramos do início dos anos 2000, primeiro momento de popularização da web 2.0, os primeiros exemplos de apropriação política que nos vêm à mente são ligados ao campo progressista. Naquele momento, o formato predominante era o de blogs, onde a interatividade se concentrava basicamente na seção de comentários e nas listas de links para outros blogs, o que criava uma certa rede de indicação de conteúdos. Neste primeiro período, ainda pré-plataformas de mídias sociais, foram os blogs progressistas ou blogs sujos que assumiram a dianteira.

Eles rapidamente se apropriaram das novas possibilidades de fala trazidas pelo ambiente digital para propor narrativas diferentes àquelas das grandes mídias, que até então dominavam o cenário comunicacional. E se pensarmos em termos de democracia digital de forma mais ampla, essa vanguarda do uso do digital pelo campo progressista se deu também na esfera da gestão pública. As primeiras versões digitais de orçamentos participativos ou de conferências nacionais para debater determinados temas, aconteceram nesse período. Eram experimentos bastante limitados, certamente, mas que mostravam uma pré-disposição do campo progressista a incorporar ferramentas democráticas trazidas pelo digital. Não esqueçamos ainda de movimentos mais amplos da cultura digital, como aqueles em defesa do software livre, do código aberto, entre outros, sempre capitaneados pelo campo progressista.

Esse cenário, no entanto, muda de forma bastante significativa com a popularização das plataformas de mídias sociais. Esses espaços trazem consigo novas regras de funcionamento e um novo modelo de sociabilidade com o qual as organizações progressistas têm muita dificuldade de lidar. As explicações para isso são certamente múltiplas e passam inclusive pela própria forma como esses espaços são organizados a partir de seus modelos de negócio. Acredito, no entanto, que um elemento central para explicar essa mudança de chave é a estrutura interna das organizações progressistas, em comparação àquelas de direita ou de extrema direita.

Se pensamos em organizações centrais no campo progressista hoje, como o MST, os sindicatos e partidos políticos, nos deparamos com instituições com estruturas internas bastante hierarquizadas, com diversas camadas de tomada de decisão e onde o poder está distribuído de forma bastante vertical. Esse modelo foi essencial para garantir a longevidade e a capilaridade social que muitas dessas organizações têm. A questão é que essa lógica é quase incompatível com a sociabilidade em rede. A velocidade das interações neste ambiente e a lógica de distribuição de visibilidade muito mais efêmera desafia sobremaneira essa estrutura.

Por outro lado, muitas das agremiações de direita ou extrema direita que ganharam visibilidade no cenário político brasileiro contemporâneo se articularam muito recentemente. O Movimento Brasil Livre, o Vem Pra Rua, o Revoltados Online, entre tantos outros, são grupos que já se formaram com a lógica de rede.

Conseguir navegar bem nessa sociabilidade digital depende disso, de processos de discussão e decisão política que incorpore a lógica de rede. Não se trata apenas de conseguir ter um bom departamento de comunicação, especializado, ágil e criativo. O desafio de "digitalização" das organizações políticas vai muito além disso e depende do envolvimento direto dos tomadores de decisão.

O ambiente digital se transforma em velocidade alucinante e o fato de não conseguirmos ser atores centrais nesse processo nos deixa com a sensação de estar sempre sendo levados por novas ondas. É preciso dizer, no entanto, que temos avançado. Se pensarmos em uma perspectiva histórica maior, os avanços dos últimos dez anos nesse sentido não são desprezíveis. Evidentemente, no entanto, precisamos olhar para frente e os desafios que se colocam no caminho não são pequenos.

3 Como analisa a importância das eleições em outubro de 2022 para o futuro do Brasil?

Eleições são um momento de escolhas. Daquelas importantes, que impactam consideravelmente nosso presente e nosso futuro. Em uma democracia plena, pleitos eleitorais devem ser também momentos de liberdade e de igualdade. Situações em que cada cidadã e cada cidadão valem o mesmo e são livres para fazer suas escolhas. Em uma sociedade digital como a que vivemos hoje, a garantia dessa liberdade e dessa igualdade passa cada vez mais pela preocupação com a circulação informativa.

Neste sentido, as eleições de 2022 serão certamente um marco. Não apenas um momento crucial de escolha política, mas também um marco na forma a partir da qual essas escolhas são feitas. Depois de décadas de predomínio da lógica televisiva nas campanhas, em 2018, as mídias sociais e as *fake news* é que foram notícia. O tempo de televisão que há tanto era elemento-chave da formação de coligações partidárias de repente parecia importar pouco ou quase nada. 2018 foi um ano de quebra de um modelo estabelecido, com todos os exagerados que isso carrega. 2022 é o começo da decantação desse processo e aponta, quem sabe, para um novo paradigma eleitoral e político. A consolidação de uma nova forma de tomada de decisão política.

Hoje, as mídias se multiplicaram, se diversificaram e se difundiram. Evidentemente isso não significa que temos um cenário de igualdade em que todas as vozes têm poder de produzir o mesmo impacto. Longe disso. O poder de fala foi, de alguma forma, democratizado, mas não se pode dizer o mesmo da capacidade de ser ouvido.

Como fazer então para garantir diversidade e qualidade da informação ao mesmo tempo? A resposta é complexa e com certeza não a domino completamente. Mas há um elemento que me parece crucial: os novos mediadores do ambiente digital. A ideia de "desintermediação" é uma falácia que quer nos fazer acreditar que não há mais mediadores influenciando a circulação informativa. Mas eles existem: são múltiplos, pouco visíveis e muito poderosos. Trato aqui especialmente das chamadas "plataformas", as grandes empresas que hoje, privadamente, decidem as regras de qual conteúdo cada um de nós recebe – e, portanto, aquele que deixamos de ver. Elas têm a capacidade e o poder de decidir como tratar os efeitos informativos que fortalecem e aqueles que são nocivos à democracia. A opacidade desse processo, no entanto, impede que o interesse público esteja em primeiro lugar.

É preciso dizer que o impacto social desse fenômeno é enorme e não pode ser visto apenas do ângulo tecnológico. Não é coincidência que tenhamos acompanhado a ascensão de governos de extrema direita juntamente com um crescimento avassalador do uso da desinformação como arma política e econômica. Esses atores políticos, trazendo o descrédito da ciência, da universidade, do jornalismo como estratégia, preparam o terreno para semear a desinformação. Se tudo que antes parecia nortear nossas crenças agora é atacado cotidianamente, em que se basear para estabelecer limites do que pode ser factível?

Portanto, eleições são momentos de escolhas, mas elas não se resumem à urna. Escolhas informativas são cruciais e não podemos abrir mão de fazê-las. As eleições de 2022 são um momento crucial para exigirmos que o interesse público esteja no centro dessa questão. Apenas assim teremos alguma garantia de liberdade e igualdade na decisão de quem nos governa.

Paulo Eduardo Arantes

[Filósofo e Professor Sênior da USP. pesquisador do Centro de Estudos dos Direitos da Cidadania (CENEDIC), um centro interdepartamental de pesquisa vinculado à FFLCH USP. Autor de numerosa obra, com destaque para *Hegel a ordem do tempo* (1981, traduzido para o francês em 2000); *Um departamento francês de ultramar* (1994); *O novo tempo do mundo: e outros estudos sobre a era da emergência* (2014); *Formação e desconstrução: uma visita ao Museu da Ideologia Francesa* (2021). No site Sentimento da Dialética (https://sentimentodadialetica.org/dialetica), promove-se "Um encontro com a obra de Otília e Paulo Arantes".]

1 **As grandes manifestações de 2013 foram objeto de estudo do seu livro *O novo tempo do mundo*.[1] Em que medida o contexto agônico de 2022 ainda é tributário da Esfinge de Junho de 2013?**

Junho? Quem ainda se lembra? Ou ao menos se lembra que seu aniversário de nove anos passou em branco, como registrou um jornalista e crítico cultural: "junho veio e se foi sem uma mísera menção ao mais potente estouro popular da história nacional, o de 2013. Nove anos é um aniversário de pé quebrado, mas não gerou nem os clichês de sempre".[2] Ainda está à espera de uma explicação tamanho esquecimento, que um mero recalque está longe de dar conta, tampouco o silêncio interessado dos suspeitos de sempre. Nada de comparável aos espetáculos das Diretas Já, altamente coreografados pelos regentes de um engodo de massa chamado Transição. A começar pela heresia da autoconvocação. Semanas a fio, entre dois e cinco milhões de pessoas, em mais de quinhentas cidades, em todos os estados da Federação, foram às ruas protestar contra seus governantes, fossem eles nominalmente de direita ou de esquerda. Bloquearam avenidas e estradas, ocuparam câmaras

1 Paulo Eduardo Arantes. *O novo tempo do mundo. São Paulo:* Boitempo Editorial, 2014.

2 Mario Sergio Conti. "Agitação de junho de 2013, onde o Brasil se revelou, já em paz nove anos depois". *Folha de S. Paulo*, *Ilustríssima*, 8 de julho de 2022.

municipais, dançaram uma ciranda de luz e sombra à volta da cúpula do Congresso, deram o troco quando choviam balas de borracha, gás pimenta e lacrimogêneo, estiveram próximos de entornar o caldo dos megaeventos, se espraiaram por periferias e favelas, sem falar numa inusitada onda de greves, muitas delas selvagens, como a dos garis em fevereiro de 2014 etc. E, no entanto, toda essa memória de inconformismo e luta permanece soterrada. Virou data, uma simples e pontual data, toda vez que se liga o piloto automático das cronologias da última década.

Com certeza uma Esfinge está prestes a dar o bote e nos devorar, no mais tardar entre outubro e novembro. Resta ver se a última palavra do enigma é mesmo esse Junho, cujo estouro levantou uma nuvem de possibilidades. Acresce, trocando de figura mitológica, que essa Esfinge é bifronte como Janus. Só que ao contrário do deus romano, a face voltada para o futuro é sombria, enquanto a face envelhecida ainda não compreendeu o raio que fulminou seu passado que já foi capa da *Economist*. Em Junho se fundem num só bloco duas tremendas e traumáticas reversões de expectativas. Olhando para trás, o que parecia uma feira de bilhetes premiados na loteria extrativista do dinheiro fácil das commodities, virou pó assim que a crescente desgraça vivida nas máquinas urbanas brasileiras de moer gente bateu no teto. O pavio da bomba que mandou pelos ares a *Pax* lulista não por acaso foi aceso por um aumento tarifário nos transportes urbanos. (Seis anos depois, no Chile, à imagem e semelhança do repertório inicial do movimento brasileiro, uma análoga revolta da catraca detonou uma explosão social, à qual o governo de turno respondeu com uma declaração de guerra: tropa nas ruas, toque de recolher e tiro nos olhos. Familiar, não? esta escolha repressiva militarizada, com a diferença de que o nosso poder executivo de plantão se autodenominava democrático-popular. Voltaremos a esse padrão em que a sociedade, entendida como virtual teatro de guerra, é o alvo preferencial dos governos). De volta para o futuro, deu-se um revertério que até hoje não cicatrizou. Como sabemos, na outra ponta de uma brecha libertária que se abria, a cara medonha de um poder delinquente. E aqui estamos de volta à nossa pergunta.

Noutras palavras, como aquilo deu nisso? Trocando em miúdos, como no rastro dos estilhaços acumulados ao longo das Jornadas de Junho ergueu-se aos poucos o mandato destrutivo de Bolsonaro. Sei muito bem que nem de longe é este o espírito da pergunta, repisar pela enésima vez a tese surrada do ovo da serpente. Era só o que faltava. Mesmo assim, a reviravolta é impressionante. Menos pelo esperado contragolpe dos grupos dominantes – sabiamente calibrado por lavajatismos, grandes manobras jurídico-parlamentares, tuítes da caserna etc. –, do que pela desoladora anestesia dos insurgentes da véspera, a ponto do assim considerado maior líder popular do Brasil contemporâneo ser encarcerado à luz do dia sem uma vidraça partida, noves fora a foto sentimental de despedida. Muito pior, a assombrosa mudança de guarda no *front* da rebelião: os rapidamente envelhecidos novos personagens de Junho saíam de cena, enquanto assumia o comando de uma outra ofensiva igualmente demolidora um bicho novo no tradicional arranjo oligárquico nacional, uma extrema direita de combate. Num certo sentido, Junho foi mesmo um buraco negro: sugou um mundo que parecia novo e pariu outro para o qual ainda não temos nome, descartadas todas as denominações do repertório clássico, a começar pelo *passe-partout* fascismo. Voltando ao maléfico ovo de Junho, chocado ao longo de cinco anos de marchas e contramarchas de guerra social da qual saltou a serpente bolsonarista, é certo que seria um rematado disparate dizer que "Junho de 2013 não podia não ter levado a Bolsonaro porque já era Bolsonaro desde o início",[3] mas tampouco seria um despropósito menor negar a evidência de que existe sim uma relação entre a ruptura de Junho – não é trivial milhões de brasileiros hipnotizados

3 Na boa fórmula de Rodrigo Nunes, ao enfrentar por sua vez o grande enigma da política brasileira da última década, justamente entender não só como as coisas puderam dar tão errado, mas sobretudo desandar no seu exato contrário. Ver o último capítulo do seu livro recente *Do transe à vertigem: ensaios sobre o bolsonarismo e um mundo em transição* (São Paulo: Ubu, 2022).

se levantarem do sofá da televisão e saírem à rua para o que der e vier – e a não menos herética irrupção bolsonarista que muitos não hesitaram em chamar de revolucionária.[4]

Como ficamos? Gostemos ou não, de um jeito ou de outro, interpondo mil e uma mediações, o fato é que aquilo deu nisso. Estourando um pouco o espaço que me resta, vou puxar por um fio desse enredo tenebroso, um fio que ainda não tinha condições de identificar no calor da hora em que também arrisquei minha visão dos acontecimentos de Junho de 2013. Estou pensando no sinistro e ameaçador "cidadão de bem" que começou a dar as caras nas ruas de Junho, mas de cuja construção jamais se poderá dizer que sua *nêmese black bloc* contribuiu sequer com um bem merecido tijolinho. Como é sabido, esse personagem lamentável não é novidade na sociedade brasileira. A figuração que me interessa agora foi identificada na pesquisa pioneira conduzida por Isabela Kalil, *Quem* são e no que acreditam os eleitores de Jair Bolsonaro[5]. Trata-se antes de tudo do "manifestante pacífico" das ruas de Junho, por contraste com os baderneiros, vândalos etc. O cidadão não violento, que protesta pacificamente, reencarnará em 2016 na multidão dos impeachadores, distinguindo-se dos baderneiros que por sua vez se tornam "corruptos", "vagabundos" (a mais execrável das vagabundagens

---

4 Até onde sei, Miguel Lago, ao longo de uma sequência de artigos cheios de ideias novas sobre o fenômeno bolsonarista, publicados todos na revista *piauí*, entre 2018 e 2021, foi o primeiro, e até agora único autor, a cometer a ousadia de reconhecer no bolsonarismo a primeira Revolução Brasileira. Isso mesmo, nada mais nada menos. O fantasma da Revolução Brasileira, como a denominou Marcelo Ridenti, num livro de 1993, embora na forma de uma assombração, finalmente revelou sua identidade na *persona* de um Perfil-presidente. Se entendi bem, o ineditismo histórico de uma real e operante extrema direita brasileira quebrou de vez a cadeia de esforços, indiferentemente à direita ou à esquerda, de consumar a não menos mitológica construção de uma nação sobre bases coloniais. Uma ruptura inclusive com o Projeto Iluminista dos Modernos, que teria orientado tais esforços característicos do progressismo nacional. Não custa lembrar que mesmo a Ditadura de 64, que se auto apresentava como uma Contrarrevolução Preventiva, não deixou de ser um capítulo fundamental da Ilustração Brasileira, acelerada a ferro e fogo, por sinal.

5 Fundação Escola de Sociologia e Política de São Paulo, outubro de 2018.

consiste em se beneficiar de programas sociais ou qualquer política de ação afirmativa sem passar pelo crivo purificador do trabalho duro), resumo enfim de tudo aquilo que não presta, dos costumes transviados aos profissionais da política. E por aí vamos, o roteiro é conhecido que ao fim e ao cabo levará à caça aos "esquerdistas" e assemelhados. A caminho de se tornar um caçador de comunistas, por mais acachapante que seja a lembrança, é bom não esquecer que nosso personagem carrega as marcas de Junho, afinal também manifesta, protesta, se rebela enfim contra o modo pelo qual até então se governou e foi governado.

O passo para a insurgência extremista se dá quando nosso homem de bem se apresenta para o combate como um "patriota" (outra boa observação de Isabela Kalil), pronto para o sacrifício no altar da pátria e outros fantasmas persecutórios. O principal deles é a percepção de uma ameaça existencial iminente, encarnada por um inimigo, e eles são legião, como os demônios de Dostoiévski, que cabe ao cidadão de bem dar combate numa batalha de vida ou morte que só agora reencontra seu verdadeiro nome, Política.[6] O que nos devolve, para mal de nossa agonia cotidiana, o golpe-não-golpe nosso de todo dia, ao coração de nossa polarização assimétrica: de um lado, o *dog whistle* que dá o comando para o extermínio de todos os brutos, do outro, a moderação insustentável, e no limite conivente, dos apelos ao realismo esclarecido das últimas duas décadas de concertação em torno do governo da vida danificada. Mas isso não é tudo nem o mais perturbador nos termos de nosso ponto cego de agora: como aquilo deu nisso, sendo, no entanto, incomensurável? É que a política como transcendência da luta entre expectativas que não admitem

6 Para a construção do inimigo do cidadão de bem, ver o primeiro capítulo do livro citado de Rodrigo Nunes. Para uma caracterização do cidadão de bem como um "sujeito" sitiado, acossado pelo politicamente correto dos que teimam em lhe impor um freio ao exercício de seus micropoderes nas pequenas esferas em que confronta os fragilizados a serem por isso mesmo "desconstruídos ou exterminados", ver o capítulo de Miguel Lago, "Como explicar a resiliência de Bolsonaro", na obra coletiva *Linguagem da destruição: a democracia brasileira em crise* (São Paulo: Companhia das Letras, 2022).

rebaixamento foi redescoberta na rua, em Junho, à revelia do lero-lero melhorista dos poderes estabelecidos.[7] Neste sentido sim, a extrema direita nasceu em Junho e chegou rapidamente à maioridade elegendo cinco anos depois o sintoma maior desse parto, enquanto a outra metade da laranja insurgente praticamente se auto destruiu ao apostar na tática estouro-e-libertação da multidão dos esfolados e mal assistidos públicos-alvo.

Pois então, foi naquela virada histórica explosiva que o cidadão de bem selou o seu destino fazendo a escolha da guerra civil.[8] É onde estamos, por um triz e por um tiro. Assim, quando o vírus chegou e a pandemia se espraiou, e com ela a ruptura do pacto biopolítico,[9] o cidadão de bem renascido em Junho, o outrora manifestante pacífico e ordeiro, novamente sitiado no exercício desenfreado de seus micropoderes – desta vez pelo vírus, pela máscara, pelo passe sanitário, pelo fica em casa etc., como lembrado por Miguel Lago nos artigos mencionados –, transforma-se numa categoria biopolítica: como antes se demarcava dos Zé Baderna da vida no auge do revertério de Junho, agora que a guerra civil escolhida atravessa uma nova fase, passa a "operar como critério de demarcação entre a população cuja vida deve ser protegida e aquela que não só se pode deixar morrer como se deve, no limite, ter o direito de matar",

---

7 Sobre a dimensão milenarista da redescoberta da política pela extrema direita bolsonarista, ver as páginas de Miguel Lago na última parte do capítulo citado.

8 Estou me apoiando no título de um livro recém-traduzido no Brasil por Marcia Pereira Cunha, *A escolha da guerra civil: uma outra história do liberalismo*, de Christan Laval, Pierre Dardot, Haud Guéguen, Pierre Sauvêtre (São Paulo: Elefante, 2021). O prefácio de Edson Teles à edição brasileira, "Do poder soberano ao inimigo íntimo", fornece régua e compasso para a aclimatação brasileira dessa escolha da guerra civil, guerra de muitos *fronts* em cada um dos quais os governos governam de preferência *contra* as populações, seja pela inflação de exceções ou de cárcere, entre outros dispositivos de combate.

9 "O acordo tácito pelo qual, em troca de potencializar a utilidade econômica dos governados, os governantes assumem a responsabilidade por fazê-los viver", no resumo de Rodrigo Nunes, "Necropolítica de Bolsonaro aponta para um futuro distópico", *Folha de S. Paulo*, *Ilustríssima*, 18 jun. 2022.

garantido é claro a posse e o porte de arma.[10] Como faz tempo o capitalismo não é mais para todos, a funcionalidade das pessoas de bem consiste na autorização majoritária – daí a nova centralidade das eleições para a extrema direita – repassada para os poderes competentes, para selecionar e eliminar os descendentes próximos e remotos dos arruaceiros de ontem.

Há um plus todavia nessa escolha da guerra civil pelo cidadão de bem que, primeiro nas manifestações de Junho e depois nas ruas do *impeachment*, finalmente conheceu o sublime cívico do confronto heroico-político com o inimigo da baderna, numa palavra, o êxtase do empoderamento (sic!) propiciado pela chance histórica de partir de uma vez para o ataque. Alguém lembrou então que esta guerra de descarte de inteiras populações intermitentemente desprovidas de valor econômico é a rigor historicamente constitutiva da assim chamada ordem civil nacional. E que esta guerra de índole exterminista já está ganha desde sempre, embora não cesse de ser travada. A novidade dos batalhões de cidadãos de bem, arregimentados pela guerra justa bolsonarista, é que eles ampliaram o *front* desta guerra fundadora da nação, estendendo de tal modo o campo do público-alvo (só que agora literalmente "alvo") de modo a abarcar os herdeiros desses fundadores eles mesmos, as elites ilustradas e progressistas que desde sempre posaram de demiurgos da nação. Este o segredo do famigerado negacionismo – prossegue o argumento. Que é menos uma negação regressiva, trivialmente repetida com expressão do mais crasso obscurantismo e assemelhados medievais ou bárbaros, do que um corte de classe que se regala incluindo nossos varões sabedores no balaio dos "vagabundos" tripudiados em Junho.[11]

10 Ainda Rodrigo Nunes, loc. cit.

11 O argumento, dos mais originais que conheço acerca da implosão da Ilustração Brasileira, encontra-se num longo ensaio de Pedro Rocha de Oliveira, "As razões do negacionismo: guerra civil e imaginário político moderno", encontrado atualmente na *Revista de Filosofia Moderna e Contemporânea*, Unb, v. 9, n. 3, 10 dez. 2021. Acrescento que o ensaio só alcançará seu pleno significado quando relido como posfácio da monografia do mesmo autor, *O discurso filosófico da acumulação primitiva* (São Paulo:

Uma derradeira volta no parafuso de como "aquilo deu nisso". Só que agora precisamos encarar Junho não mais ao rés do chão, mas do alto das tenebrosas transações dos poderes constituídos, onde alta política gestionária (o governo das populações-alvo) e baixa polícia convergem. Sem o respaldo mais do que assertivo das instituições coercitivas de todos os calibres, o cidadão de bem que emergiu em Junho não teria como fazer a escolha que fez pela guerra civil, na acepção muito especial que aos poucos estamos tirando da sombra. Obviamente, não tenho como remontar ao Antigo Testamento, a herança sem testamento da Ditadura. Sem a qual não se explica a "desenvoltura" dos protocolos antimotins nas capitais de Junho, quer dizer o vírus, no limite exterminista, que a ditadura transmitiu para os diversos aparatos jurídico-policiais e sua crescente autonomização, generalizando o campo de atuação do inimigo interno que começou a ser reconstruído no entardecer do Antigo Regime. No início dos anos 1980, eleitos os primeiros governadores da nova era democrática tutelada pelos militares e suas ramificações corporativas, multiplicaram-se pelo país, particularmente em São Paulo, revoltas ditas dos "quebra-quebras" (desemprego, carestia, moradia etc.). Que tenham sido devidamente reprimidas, nenhuma novidade. O novo estava no comum acordo entre os novos governantes democratas e os futuros redatores do artigo 142 acerca da Lei e Ordem (redação ela mesma fruto de um conhecido ultimato dos generais de Transição). Quanto ao sentido daqueles tumultos, logo a seguir engolfados pelo espetáculo do Diretas Já: naqueles saques e depredações impulsionados

---

Elefante, no prelo). Como se vê – e por outro ângulo já vimos a mesma suspeita de cegueira e estupidez pairar sobre o Iluminismo tal como o conhecemos, nos artigos de Miguel Lago –, a revolução bolsonarista ao fim e ao cabo também revelou a *obsolescência* da *Aufklärung*, salvo engano, algo novo. Para além da tábua salvadora da Dialética da mesma *Aufklärung*, ficamos para trás, falando sozinhos, enrolados na linguagem da razão bem temperada pela moderação. Nossa sentença de morte pode ter sido lavrada pela simples e fulminante percepção de que ao posar de vítima do Iluminismo, nosso Inominável bufão, saiba ou não disso, está advogando sem mandato a causa das incontáveis gerações massacradas pela simbiose demoníaca entre Razão Ilustrada e Acumulação Primitiva.

pelo inconformismo de movimentos sociais autônomos e à margem dos acordões em curso, despontava a primeira cabeça de uma hidra sediciosa a ser prontamente decapitada. Numa palavra, arruaça de desordeiros, vandalismo em suma.[12] Estava lavrada a certidão de nascença do "baderneiro" de Junho. Já os seus inimigos do alto da pirâmide, vinham de longe e desde sempre associados no mesmo condomínio gestionário dos novos "alvos" que começavam a dar a cara para bater. Não surgiram assim do nada os sucessivos "pacotes de ilegalidade" que desabaram sobre os tais baderneiros que caíam na rede. Ao mesmo tempo que surgia um novo inimigo interno, multiplicavam-se as operações "pacificadoras" (que nas favelas cariocas atendem pelo nome chacina), as zonas de exclusão, as exceções *ad hoc*, as leis de associação" criminosa etc. "Força oponente", assim o Ministério da Defesa em portaria de 19 de dezembro de 2013 designou os demônios de Junho.[13] Indagado a respeito dos excessos

---

12 Até onde sei, o primeiro a identificar esse elo perdido foi Edson Teles, num artigo de 2019, mais precisamente 22 de outubro, no Blog da Boitempo, "A revolta não é um enigma". Significativamente o artigo era sobre o *estallido* chileno, contra o qual, como lembrado, o governo Piñera formalmente declarou guerra e mandou puxar o gatilho. A lembrança retorna no mencionado prefácio ao livro *A escolha da guerra civil*. Ver, aqui, o artigo: https://blogdaboitempo.com.br/2019/10/22/a-revolta-nao-e-um-enigma/.

13 Num estudo inovador, deflagrado pela ocupação do Complexo do Alemão em 2010, organizado por Felipe Brito e Pedro Rocha, *Até o último homem* (São Paulo: Boitempo, 2013), a anatomia das sucessivas "pacificações" cariocas e respectivas ocupações de território no Rio de Janeiro dos megaeventos em preparação, revelava com nitidez a escalada do que os autores reunidos no livro passaram a chamar de "administração armada da vida social". Um par de anos depois, o jovem historiador e ativista Eduardo Tomazine desentranhou daquela estratégia o que chamou da Doutrina da Pacificação, a seu ver uma réplica local das velhas estratégias norte-americanas de contrainsurgência, cujo fracasso vietnamita acabara de ser transportado com o mesmo desastroso insucesso para o Iraque. Procurei dar conta desse mosaico no artigo posto na roda pela pergunta que ainda estou respondendo: "Depois de Junho a Paz será Total". Com a diferença capital de que no Rio de Janeiro das famigeradas UPPs, as grandes e mortíferas manobras de contrainsurgência não respondiam a nenhuma real insurgência no país. No início dos anos 1970, Marcuse afirmou que estava se abrindo uma era, sem fim à vista, de Contrarrevolução Sem Revolução. No Brasil estava claro o significado dessa percepção desde 1964 até que a revolução bolsonarista que estamos vivendo inverteu

"pacificadores" do momento, um ex-presidente "progressista" do STF lembrou candidamente que vivíamos então "uma guerra interna no país". Numa palavra, o ninho no qual o ovo da serpente fazia tempo chocava, o verdadeiro "isso" entranhado "naquilo", encontrava-se no topo, no alto comando de uma outra "baderna", como se o regime bolsonarista de poder antecedesse Junho, que poderíamos entender então como uma contraofensiva preventiva.

2 O avanço da extrema direita é um fenômeno transnacional e um dos mais importantes das décadas iniciais do século XXI. Como entender que a extrema direita chegue ao poder por meio de eleições, isto é, conquistando corações e mentes, sobretudo das gerações mais jovens? Como deve o campo progressista reagir a esse avanço?

Como abusei na resposta anterior, poderia e deveria agora responder em poucas linhas. Sobretudo porque se trata de uma pergunta que traz consigo a própria resposta, e com ela se confunde. Basta suprimir o ponto de interrogação. O raciocínio político tem dessas armadilhas. Sim, esse é o mais surpreendente (para quem?) fenômeno político das décadas iniciais do século XXI, a saber: conquistando corações e mentes, a extrema direita chegou ao poder ganhando eleições. Lido na ordem inversa: e o infeliz "campo progressista" entrou em choque ao perceber (enfim?) que não se ganha mais eleições no piloto automático, quando se perde o acesso aos corações e mentes de eleitores recalcitrantes. É claro que não se trata de uma reviravolta qualquer no perde-ganha eleitoral. Este jogo definitivamente acabou. Deixando um cheiro de queimado no ar, de novo o som e a fúria de uma contrarrevolução que se expande no vazio do seu antagonista

a equação, ou melhor, fundiu os dois momentos clássicos do terror num bloco só (as "fúrias", como dizia o historiador Arno Mayer), o "condomínio do medo", conforme se ouvirá em breve nalgum teatro brasileiro.

histórico. Sinais de ruptura? Não por acaso, Nancy Fraser, entre tantos outros, chamou essas ondas de choque que reverberam mundo afora de "motins eleitorais". A eleição de Trump, uma impressionante "insurreição política"[14] – não sei em que patamar insurrecional situaria o triunfo ainda mais impressionante de um outsider como Jair Bolsonaro. A palavra "motim" certamente estava no ar do tempo onde Nancy Fraser a colheu, embora nunca tenha deixado de ser o pão cotidiano que o diabo amassou na história centenária das insurgências americanas. Não me lembro se Joshua Clover (*Riot. Strike. Riot*, 2016), ao anunciar o retorno da era dos motins, incluiu a extrema direita nos créditos finais. Pablo Stefanoni, pelo menos se pergunta se a "*Rebeldia se volvió de derecha?*" (2021), e o que a esquerda deveria aprender com esse novo senso comum, lembrando no caminho que o historiador Zeev Sternhell sempre considerou o fascismo europeu de entreguerras, menos uma pura e simples contrarrevolução do que uma espécie de revolução alternativa (familiar?) disputando o futuro com os socialistas em meio aos escombros da civilização liberal-burguesa (como sabemos, o capitalismo reorganizado pela guerra levou a rapadura). Seja como se interprete esse raio no céu azul do fim da história encerrada com a vitória na Guerra Fria, o *Novum* na cena contemporânea é esse retorno da política, e ainda mais, pelas mãos da extrema direita. E como se essa afronta não bastasse, voltou com força total pela "pacífica" via eleitoral, alegando, ainda por cima, que sua busca desenfreada pelo confronto polarizado nada mais era do que o velho e bom reconhecimento de que a vontade popular, majoritariamente expressa por intermédio de eleições, continuava a única fonte de legitimidade política. Doravante, se poderia sim mudar o mundo pelo voto – esse o recado da nova política, que o cientista político Ivan Krastev chamou de regimes majoritários de poder.[15] Não se trata de um retorno regressivo, embora se avance

---

14 Nancy Fraser, "Neoliberalismo progressista *versus* populismo reacionário", in Heinrich Geiselberger (org.), *A grande regressão* (São Paulo: Estação Liberdade, 2019).

15 Ivan Krastev, "Futuros majoritários", na coletânea supracitada.

claramente no rumo de uma explosão. É que vencer uma eleição agora é como vencer uma guerra civil. A vitória eleitoral deve ser portanto uma vitória sem ambiguidade, completa e definitiva. A monótona alternância na gestão da impotência estrutural dos governados está fora de questão. A escalada da extrema direita foi assim se intensificando e alastrando à medida que se propagava a boa nova de que o fim da história chegará ao fim[16]: há uma alternativa sim, ainda que apocalíptica. Vem daí a urgência em demolir o sistema de freios e contrapesos. Na visão da nova extrema direita, uma armação dos vencedores de sempre (a concertação social-liberal que na saída da Guerra Fria agravou a miséria do mundo) para descumprir suas promessas eleitorais de emancipação e reconhecimento. Se ainda for o caso de procurar ninhos e ovos de serpente, estamos bem próximos da paranoia da "fraude" e da convicção de que as eleições só são justas quando nós ganhamos.

Acontece que não se conquista corações e mentes só com declarações de guerra civil. Saibam dela ou não, os brigadistas polarizados do outro lado do *front*, há um grão de verdade milenar germinando nas alegações e mistificações da nova política. Nova por não se enquadrar na camisa de força de Saint Simon: ou conquista e conservação do poder, ou administração das coisas por engenheiros sociais. Eis uma possível certidão de nascença. Lá pelos idos da década de vinte do século passado, ao estudar a presença do que chamará de mentalidade utópica nas marchas e contramarchas das Guerras Camponesas na Alemanha do século XVI, Karl Mannheim notou que não eram "ideias", ou ainda menos "interesses" materiais, que moviam aqueles homens e mulheres para o tudo ou nada revolucionário contra os terríveis potentados do tempo. Mas uma certa energia que brotava do "abismo do espírito" (Thomas Münzer), um quadro de tensões que transcendiam a vida cotidiana e que

16 Abusando um pouco é claro do argumento cheio de ideias na contramão de Alex Hochuli, George Hoare e Philip Cunliffe, *The End of The End of History* (Zero Books, 2021).

por isso mesmo, ao entrar em cena aberta, se tornavam reagentes explosivos a ponto de fazer o "impossível nascer do possível". Pois nessa "espiritualização da política" por obra e graça dos condenados da terra, Mannheim reconheceu nada mais nada menos do que o "início da política, no sentido moderno do termo".[17] Política que caracteriza então como uma "tensa expectativa" de alguém que está sempre de pé, esperando o momento propício. Calçando botas de sete léguas, não seria exagero dizer que Foucault se equivocou no bom sentido acerca da dimensão espiritual da Revolução Iraniana nos seus primórdios. Ou então mais próximo de nós, um estudioso do Terror Branco que se abateu sobre a América Latina no imediato pós-segunda Guerra Mundial até a Queda do Muro, depois de concluir que aquele paroxismo de violência política jamais visto no continente destinava-se a extirpar da imaginação e memória da gente comum qualquer impulso de inconformidade com o estado do mundo e a sua desigual distribuição de desgraça, fechou o argumento considerando que, a ser assim, não era outro o objetivo daqueles anos de massacres do que eliminar justamente dos "corações e mentes" da gente do povo aquela dimensão fundamental para o encaminhamento das expectativas humanas que vem a ser a política em sua mais enfática acepção.[18] Creio não estar exagerando se disser que as considerações de Miguel Lago sobre a demoníaca força motriz da ruptura bolsonarista remontam àquele marco zero da política identificado nas guerras dos camponeses alemães contra seus senhores, aliás apoiados por Lutero, seja dito de passagem pelo menos para lembrar que são muitos os "abismos do espírito", como se pode verificar a cada noite do pesadelo que estamos vivendo. Seja como for, devemos à extrema direita bolsonarista a redescoberta tardia, já à beira do precipício, de que a política é antes de tudo

17 Karl Mannheim, *Ideologia e utopia* (Rio de Janeiro: Zahar, 1968), IV.3. Não custa relembrar, para governo dos mais jovens, que Mannheim teria passado batido não fosse a leitura do *Thomas Münzer* (1921), de Ernst Bloch.

18 Greg Grandin, *The Last Colonial Massacre: Latin America in the Cold War* (Chicago UP, 2004).

"uma arena de produção de desejos, de formulação de demandas, de construção de identidades, de ampliação de expectativas, de disputa de visões de mundo"[19].

Como deve o campo progressista reagir a esse avanço? Retraduzindo nos termos de agora: como deve o condomínio de governantes *self-serving* da massa falida e espoliada brasileira, do qual o dito campo progressista foi ora sócio minoritário, ora sócio majoritário, até que a outra metade lhe puxasse o tapete em 2016, e agora ensaia um retorno ao consórcio de sempre, que no entanto parece remontar a uma outra era geológica, como deve reagir ao retorno da política de luta e confronto, ao retorno pela extrema direita da política sendo política? Nela incluída sua desdenhada e primariamente incompreendida dimensão "aspiracional", que o nosso campo costuma jogar na vala comum das trevas exteriores do milenarismo. Pois como na primeira parte da pergunta, a resposta também veio junto, igualmente associando cegueira e amnésia: simplesmente reconquistando corações e mentes. Por sorte, o lado oposto, em desespero de causa, e se equilibrando à beira do abismo da economia de pilhagem, em que se lançou por força do regime delinquente de poder em que se baseia, desta vez está apenas *comprando* corações e mentes. Abriu-se uma brecha, portanto. O que fazer para ampliá-la? Ninguém sabe, perdeu-se até a memória, sufocada pela avalanche de platitudes ilustradas acerca do valor das

19 Miguel Lago, "Batalhadores do Brasil...", *piauí*, mai. 2021. Deste outro lado da trincheira, os veteranos hão de lembrar que soubemos disso muito bem, e tão bem que os esforços conjugados da força conjuntural das coisas e o arbítrio das nomenclaturas partidárias finalmente conseguiram sufocar no berço aquele grande respiro de renovação de décadas passadas. Para um documento de época, ver a tese de doutorado de Marco Aurélio Fernandes, *A falta que faz a mística: elementos para a retomada do trabalho de base nos movimentos populares* (São Paulo: Instituto de Psicologia USP, 2010). Interessa saber que na época o autor era mais do que apenas um pesquisador, mas um militante binacional, Argentina (Piqueteros, Ocupações etc.), e Brasil (MST). Como interessa ainda mais saber que dedicou um extenso capítulo à experiência de vida do malvisto e mal-amado povo evangélico. Somados todos os ingredientes do trabalho, àquela altura (veja a data, 2010) advogava uma causa não só perdida mas já incompreensível.

instituições, da evidência científica, da eficiência do bom governo da razão, da luz que nasce da discussão na imprensa livre etc..[20]

3 Como analisa a importância das eleições de outubro de 2022 para o futuro do Brasil?

Comecemos pelo pior. Se o capitão vencer, apressará o fim do mundo. Nas atuais condições explosivas desse mesmo mundo aquecido, envenenado, faminto e de novo diante da guerra, não dá para subestimar o tamanho do estrago que um país do porte do Brasil pode causar uma vez consumada sua condição de sociedade delinquente à deriva. Vai acelerar muito o fim de linha, a começar pelo princípio do fim da última floresta. Ainda na linha do pior dos mundos possíveis, não custa incluir neste pesadelo, o provável retorno de Trump ou um similar piorado. Se as pesquisas se confirmarem, e o capitão for derrotado, suas divisões de cidadão de bem nem por isso serão desmobilizadas, pelo contrário, ativas e armadas continuarão pressionando pelo mesmo fim, pois embora santa, mesmo em prestações a guerra continuará rendendo a *rackett* usual dos despojos. Nesta última hipótese, a evidência do dia é que os trabalhos do golpe iniciados lá atrás (as datas variam) serão então concluídos. Os *scripts* também variam, a única certeza é que um revés, qualquer que seja, não passará em branco. Embora desordenadas, as pressões destrutivas continuarão, pois as ondas de choque de um golpe abortado anunciam sua retomada próxima, semeando ruínas pelo caminho.

Resta a hipótese mais provável de confirmação das pesquisas com

20 Remeto novamente às observações de Miguel Lago (loc. cit., p. 15) acerca da proeza tática de Bolsonaro ao se fazer passar por vítima da arrogância sabedora e condescendente das elites, e portanto verdadeiro intérprete da realidade sofrida da população, que pouco sabe nem quer saber do palavrório constitucional do Estado disso ou daquilo, salvo de suas intenções assassinas de sempre.

a vitória do candidato dos autodenominados progressistas. Fim do pesadelo. Um desenlace a ser saudado em qualquer circunstância, como o Poeta vibrou em uníssono com o russo em Berlim. (Com a ressalva, meramente literária, de que pelo menos em Kafka os pesadelos geralmente começam ao despertar). Mesmo no "horizonte alto" vivido naquele momento de iminente derrota do nazifascismo[21], as grandes expectativas geradas pelo fim da guerra padeciam de uma flagrante incongruência: no entusiasmo da hora, falava-se a torto e à direito de reconstrução de uma civilização que acabara de se autodestruir. Guardadas as proporções de praxe, não é menos inconsistente, à medida em que nos aproximamos de nossas Eleições do Fim do Mundo em outubro, a aposta progressista no "poder da democracia de reverter sua própria degradação".[22] Nos tempos em que a Dialética operava milagres, talvez.

No rol dos equívocos acumulados, não seria demais lembrar, para início de conversa, que a chave do carcereiro que abriu a porta da prisão para o líder popular voltar à ativa foi a mesma que o enjaulou e o tirou do páreo. No primeiro ato, Justiça Federal, Ministério Público e Supremo agindo de concerto como uma facção, trancafiaram o líder popular à luz do dia e à vista do povo mais uma vez bestificado como em 1889, noves fora o famigerado tuíte do Alto Comando das Forças Armadas em nome da tranquilidade da família brasileira de bem. Se ainda houvesse dúvida sobre quem puxa os cordéis, 580 dias depois

21 A expressão é de Iumna Simon, num estudo notável sobre a lírica política do Drummond da *Rosa do povo*. No caso, o "horizonte alto" da guerra contra o fascismo propiciava um heroísmo de compensação face ao horizonte rebaixado da vida besta local que punha chumbo nas asas do poeta. "Mundo em chamas e país inconcluso", *Novos Estudos CEBRAP*, n. 103, 2015, p. 170. Não chegarei ao extremo de forçar a analogia, mas quase. O mundo está de novo em chamas, ou prestes, por um triz enfim, enquanto o país literalmente arrasado pela devastação bolsonarista em curso, faz tempo que deixou para trás a miragem de uma construção *in progress*.

22 Na boa formulação de Rodrigo de Lemos, comentando os artigos da *piauí* nos quais Miguel Lago passava a limpo a "autoconfiança suicida dos progressistas ao desprezarem a inteligência estratégica do incumbente e amesquinharem as aspirações de seus seguidores". Cf. "Um contra-populismo para vencer Jair Bolsonaro?", *Estadão/Estado da Arte*, 20 jun. 2021.

o mesmo STF lavrou um alvará de soltura de porta de cadeia. Como se fajuta previamente um BO numa delegacia de polícia qualquer, os meritíssimos descobriram que o Guarujá e Atibaia não ficam no Paraná.[23] Tamanha e arbitrária reviravolta – na entrada e na saída de todo processo –, deixa no ar a dúvida conspiratória, pelo menos desta vez justificada, tal o descaramento da chicana: houve um comando? Pelo sim, pelo não, trivializou-se a mudança de regime. Sem dúvida é contraintuitivo, mas nas Eleições do Fim do Mundo, mesmo seus protagonistas e vencedores designados parecem meros figurantes na *chorus line*. Numa palavra, ainda na chave manipulatória: as grandes manobras destinadas a tirar um estorvo imbatível em eleições com a mão de gato de um capitão, tendo falhado a passagem do bastão aos perpetradores do *impeachment*, se viram, esses últimos, na contingência de repetir a mesma coreografia na ordem inversa, remover o capitão que no processo demonstrou ter outros planos e próprios, recorrendo aos serviços carismáticos do supracitado líder maior, que por sua vez, ao contrário do capitão, abriu mão da menor veleidade de planos próprios, nada mais que o estrito *juste milieu*, e mesmo assim o PIB só se mexeu na undécima hora, um alheamento à desgraça alheia tão eloquente quanto o jogo duplo inerente à perene tutela das Forças Armadas, as quais, por seu turno, desde a semana seguinte à eleição indireta de Tancredo Neves, passaram a planejar em nova chave seu retorno ao poder pleno.[24] É bem possível que em seus longos dias de cana dura, Lula tenha pressentido, sabendo do desgoverno lá fora, que cedo ou tarde seria chamado de volta para consertar o estrago que seus algozes aprontaram. Mas como

23 A deriva facciosa do Supremo não é de agora, como notava, por exemplo, Conrado Hubner já em 2018, "Na prática, ministros do STF agridem a democracia", *Folha de S. Paulo*, *Ilustríssima*, 28 de janeiro de 2018. Para um amplo espectro dessa degenerescência, a começar pela degradação da Doutrina, que culmina no protagonismo do STF na *mise-en-scène* da virada de mesa de 2016, ver Enzo Bello, Gilberto Bercovici, Martonio Barreto Lima, "O fim das ilusões constitucionais de 1988?", *Revista Direito e Práxis*, 2019.

24 Chave híbrida, na reconstituição minuciosa desse caminho de volta por Piero Leirner, *O Brasil no espectro de uma guerra híbrida* (São Paulo: Alameda, 2020).

não nasceu ontem, nestes últimos tempos de pequenos e grandes conchavos, teria por certo igualmente percebido que a hegemonia eleitoral que conquistará dentro de dois meses, além de efêmera, é puro vento, poder zero, por mais coelhos que procure tirar da velha cartola do nunca antes neste país.[25] Acontece que o planeta Terra também não é mais o mesmo para o *establishment* que tem movido as peças no tabuleiro desde 2016. Sem o menor embaraço, assim como o capitão que imaginara normalizar a baixo custo, tampouco estava se importando com o matadouro da Covid ou o incêndio das bibliotecas. Ocorre que a casa dita comum está pegando fogo para todos, ou melhor, quase todos. O mesmo negacionismo arrastará ao fim e ao cabo tanto os senhores do jogo quanto os seus peões. Embora não saiba formular, o capitão no entanto é o único que sabe muito bem que o fascismo será a forma política do Antropoceno.[26] Com a roupa nova da extrema direita, o capital continuará empilhando vitórias, mesmo no vazio da Terra Estéril.

Falei há pouco em mudança de regime banalizada pelas conveniências conjunturais dos mestres do tabuleiro desde a Transição, o prende-e-solta, o tira-e-põe presidentes etc. Seria preciso acrescentar, como sugerido ao longo destas respostas, até que sobreveio o fenômeno Bolsonaro. Que poderá até ser ejetado e puxar uma cadeia, por sua vez. Outra coisa é a novidade que se infiltrou na realidade do país pela brecha aberta por Bolsonaro. Se o sociólogo Gabriel Feltran tem razão, como acredito, não conseguiram até agora normalizar o capitão porque ele não representa apenas uma mudança de governo mas a substituição, em marcha acelerada, de um regime

25 No último capítulo do citado *Do transe à vertigem*, Rodrigo Nunes caracteriza como uma "forma de negacionismo" a insistência da esquerda, reinstalada por força da circunstância em sua antiga porém tênue posição hegemônica, em apostar suas velhas fichas na mera administração das coisas num "planeta cada vez mais inóspito em que um sistema altamente desigual faz a triagem de quem vive e de quem morre", ed. cit., p. 203.

26 Na visão inspirada de Marco Antonio Valentim em entrevista ao Instituto Humanitas da Unisinos, 31 out. 2018, "Fascismo, a política oficial do Antropoceno".

de poder por outro radicalmente diferente da viagem redonda da política brasileira que a interpretação de Faoro consagrou - nem o centrão é mais o patrimonialismo velho de guerra, já é um mutante, tanto é assim que Lula já avisou que não entrará naquele vespeiro. Seria tragado pelas formas elementares da vida política em vigor naquele espaço degradado até o osso por uma nuvem de mais de 370 operadores políticos por conta própria e, como Henry Ford, dispostos a estudar qualquer proposta. Mas que não germinaram no seu universo de mudas teratológicas foram importadas, vieram das periferias onde nasceram e prosperaram desde o fim infindável da Ditadura segundo Feltran. Pois suas bases estão nas forças de segurança, seu programa é a autonomia dessas mesmas forças e seu lema, "para cada ação política, uma reação armada". A ascensão de Bolsonaro trouxe das margens para o centro da vida nacional o rebaixamento da vida política até o plano da violência bruta. Durante o jogo de sombras da redemocratização se abateu sobre as imensas populações periféricas nas regiões metropolitanas do país o poder conjugado por uma simbiose conflitiva de polícias, milícias, facções, justiceiros etc. Pois um movimento centrípeto contínuo desde então transportou aqueles diferentes regimes de poder da periferia para o núcleo orgânico do sistema. A rigor, nada mais nada menos, do que a expressão acabada da contribuição brasileira para a periferização do mundo. Com acesso privilegiado aos fundos públicos, homens de bem armados em defesa da sociedade não só estão devorando a Amazônia, para dar um exemplo extremo, como estabeleceram postos avançados em todas as instâncias de poder institucional do país, como recrutam, mobilizam e recompensam bases empresariais e profissionais de toda ordem. E por aí vamos. Como o futuro do Brasil está encurtando, as Eleições do Fim do Mundo serão assim chamadas, menos pelo seu desfecho, cataclísmico ou redentor, do que pela circunstância aparentemente implausível de estarem se realizando durante o fim do mundo ele mesmo.

Salvo engano, claro. Segundo Leonardo Masaro, nada prova que um outro fim do mundo não seja possível.[27] Assim como nossos ancestrais paleolíticos saíram da caverna ao começar a narrar seus sonhos, como imagina o neurocientista Sidarta Ribeiro, não está escrito nas estrelas que os humanos não possam outra vez repetir a proeza, que nos salvou da miserável rotina de viver "matando" para comer e não morrer, graças a uma miraculosa ressurreição social da capacidade onírica de simular o futuro, atravessando o fosso do desastre atual.[28] Não sei se consola saber, e aprender com os povos ameríndios originários, que estes últimos jamais perderam esta faculdade onírica preditiva, acrescida no entanto da experiência de terem sido os primeiros a viverem depois do fim do seu mundo.

27 Leonardo Masaro, *Um outro fim do mundo é possível: energia, entropia e o colapso da civilização industrial* (editora do autor, disponível em e-book desde 2018).

28 Sidarta Ribeiro, *O oráculo da noite: a história e a ciência do sonho* (São Paulo: Companhia das Letras, 2019).

Raquel Rodrigues Braga

[Juíza do Trabalho, TRT/RJ por 27 anos, aposentada, com MBA em Poder Judiciário pela FGV e Especialista Crítica em Direitos Humanos pela Universidade Pablo de Olavide Sevilha-ES, Coordenadora da AJD/RJ, integrante da AJD, ABJD e do OTE – Observatório de Transparência Eleitoral do TSE, pelo FSMJD – Fórum Social Mundial Justiça e Democracia.]

1 A partir de 2016, com a Reforma do Trabalho, no governo Michel Temer, e com a Reforma da Previdência, no governo Bolsonaro, um projeto claro se delineou: a supressão sistemática de direitos do trabalhador. Após os anos de arquitetura da destruição do atual presidente, como reconstruir o país sem resgatar direitos que foram suprimidos?

De 2003 a 2016, o Brasil recusou a prescrição neoliberal, adotando ações fundamentais e conjugadas de combate à desigualdade. Fortaleceu o setor público da economia, enfrentou os desequilíbrios regionais, investiu em pesquisa e afirmou os elementos de uma política externa soberana, conquistando o respeito das nações do nosso entorno sul-americano e do Terceiro Mundo em geral.

Contudo, após quase 30 anos de vigência da Constituição, entre os quais 12 anos foram de governos progressistas, que marcaram a saída do país do mapa da fome, não foi possível conter o golpe,[29] protagonizado pelo Poder Judiciário, que afastou Dilma Rousseff (PT) da presidência e Luís Inácio Lula da Silva (PT) das eleições de 2018.

As Reformas atuais são fruto do modelo econômico adotado,

29 Os afastamentos da Dilma e do Lula retratados nos filmes geniais, *O Processo* (2018) e *Amigo Secreto* (2022), ambos da cineasta Maria Augusta Ramos.

em que os Estados capitalistas, degradados politicamente nas duas últimas décadas, não bastassem, em seu curso, terem forçado uma compreensão de direitos humanos em única visão,[30] mesmo para os que não partilham da mesma ótica de mundo, alteram a regra do jogo por eles mesmos criada, eliminando bens, garantias e direitos mínimos obtidos até aqui.

A supressão de direitos no mundo é mais grave ainda em países periféricos, condenados a servir de baias de mão de obra barata ou de meros produtores de *commodities*.

Somos o melhor exemplo desse contexto, há pouquíssimo tempo, de franco candidato à potência mundial retornamos à fome, desde a adoção da lógica vigente, eurocêntrica e contaminada pelo domínio norte-americano, ratificada pelo governo Bolsonaro. A perda da força do regramento jurídico-constitucional de contenção e reparação dos ilícitos para pseudo-exigências econômicas que, na prática, aprofundaram as desigualdades sociais.

Inevitável o contraste entre a propalada diminuição do Estado de providência social, desproteção legal ou as relações de trabalho, no presente, e o tratamento dispensado ao mercado, alçado à personalidade autorregulável, mas longe de esboçar algo socialmente razoável.

A análise conjuntural brasileira, a partir de 2016, com a Reforma do Trabalho no governo Michel Temer, somada à Reforma da Previdência do bolsonarismo, mais do que mero conflito político entre setores reacionários e progressistas, desvela a opção errada dos mundos em disputa, ofensiva em curso contra os diretos sociais e, respectivamente, contra a democracia na recusa dos seus valores e na adoção da violação legal.

---

30 A mirada decolonial é uma advertência de Manuel Gándara Carballido, inclusive para a própria Teoria Crítica, no capítulo 3 de *Atender al giro decolonial para pensar críticamente*, obra de referência para compreender o que está posto como direitos humanos e o que pode ser entendido como tal. Manuel E. Gándara Carballido, *Los derechos humanos en el siglo XXI: una mirada desde el pensamiento crítico*. Buenos Aires: CLACSO, 2019. Libro digital.

A reconstrução do país, após o cenário de destruição dos últimos anos, passa pela observância do ordenamento internacional, portanto, indissociável do resgate dos direitos suprimidos.

É importante ressaltar que a legislação relativa aos Direitos Humanos, Trabalhistas e Previdenciários pertence ao padrão jurídico forjado pelos freios impostos pela Guerra Fria, ante a intimidação da proposta socialista de um mundo coletivizado. Tal contraponto extraiu do capitalismo uma sofisticada e importante estrutura jurídica que o neoliberalismo hegemônico no século XXI quer afastar, quer no plano social ou político.

Os direitos humanos e as garantias fundamentais são patamares legais mínimos e conquistas civilizatórias que só admitem a alteração para a ampliação dos benefícios, nunca para o prejuízo. As violações são passíveis de denúncias à Comissão e a Corte Interamericanas de Direitos Humanos e sobre a eficácia dos Tratados Internacionais no direito brasileiro, como se lê na obra de Marcelo Uchôa, *Curso crítico de direito internacional público.*[1]

O panorama acima indica a necessidade da preservação dos Princípios Constitucionais (art. 1.º da CRFB), que não podem sofrer alterações aleatórias. O valor social do trabalho ocupa o mesmo patamar dos demais fundamentos da Magna Carta: soberania, cidadania, dignidade da pessoa humana, livre iniciativa e pluralismo político. Portanto, não há violação aos princípios fundamentais que não arraste consigo a democracia e os pilares do Projeto de Nação.

A ameaça que paira sobre as democracias e a consequente supressão dos valores civilizatórios são perplexidades contemporâneas aguçadas no século XXI. O sistema econômico adotado – ideologia calcada na nova ordem mundial, com a fleuma da modernidade – manobra para o retorno à barbárie.

O contexto, por sua gravidade, sem respostas fáceis, exige uma

---

1 Marcelo Uchôa. *Curso crítico de direito internacional público*. Niterói: Editora Lumen Juris, 2019.

concepção crítica, além de posturas e ações pensadas a partir de dois enfoques: 1) contenção dos retrocessos em direitos humanos; 2) alerta para a ameaça que paira sobre as democracias.

2 A cooptação ou o desmonte das instituições de Estado é o motor do projeto autoritário do governo Bolsonaro. O Poder Judiciário tem sofrido sérios revezes nesse contexto. Quais os prejuízos causados à Justiça do Trabalho no atual governo? É possível reconstruir sua importância na defesa do trabalhador?

Os revezes do Poder Judiciário, desde o protagonismo no golpe jurídico, no afastamento de Dilma Rousseff da presidência e de Luís Inácio Lula da Silva das eleições de 2018, constituíram a chegada do bolsonarismo ao poder. A ilegalidade experimentada no processo eleitoral, repleto de *fake news*, sem a repreensão compatível das instituições, passou de exceção à regra.

O Brasil iniciou o desmonte já após a deposição da Presidenta da República, Dilma Rousseff, em 31 de agosto de 2016, e a Reforma Trabalhista é o melhor exemplo. Em 23 de dezembro do mesmo ano, o Congresso Nacional recebe o Projeto de Lei nº 6.787/16, seguido da proposta de reformulação na Lei do Trabalho Temporário, para alterar sete artigos da Consolidação das Leis Trabalhistas (CLT).

A tramitação do PL durou dois meses e três dias. As nove páginas iniciais atingiram 132 páginas. A sanção veio em julho de 2017 pelo vice, e substituto de Dilma, Michel Temer, cuja marca é o maior índice de reprovação na história dos presidentes da República. Assim nasceu a Reforma Trabalhista, ponto de consenso entre conservadores e neoliberais,[2] vigente a partir de novembro de 2017, a revelar a

2 Para a distinção entre os conceitos de pensamento reacionário e conservador no Brasil, ver, Marcelo Barbosa da Silva, *Esquerda e Projeto de Nação*. Rio de Janeiro: Algo a Dizer, 2019, página 81.

ausência da participação dos maiores interessados: os trabalhadores.

Trâmite de estranha velocidade e violador da Convenção 154 da Organização Internacional do Trabalho (OIT), ratificada pelo Brasil, que exige a consulta prévia às organizações sindicais.

A lei justificada pela pretensa capacidade de gerar empregos, na verdade, reflete a desregulação, o retorno à premissa ultrapassada da "liberdade negocial do empregado", sem a proteção do Estado, e o bloqueio ao acesso à justiça, negadas a gratuidade, condenando trabalhadores em honorários advocatícios, criminalizando advogados e vedando a participação sindical, mesmo na hipótese de renúncia.

Rebaixado em sua centralidade, o trabalho ocupa papel secundário no interior da economia agrário-exportadora que retorna, incapaz até de produzir bens de baixo valor agregado. A correta direção econômica encontraria solução na expansão do mercado interno como ponto de partida, investimentos e repartição da riqueza.

A Era Bolsonaro está longe de encontrar solução, ao contrário, caminha a largos passos para a próxima tacada, ou seja, o fim da própria Justiça do Trabalho. Daí o movimento "Revoga Já", hoje nacional, iniciado no RJ pelo MATI – Movimento da Advocacia Trabalhista Independente.

O Supremo Tribunal Federal tem retardado julgamentos essenciais para a Justiça do Trabalho e, com tibieza, tecido elásticas interpretações das normas constitucionais. A conduta gera dúvida acerca do controle de constitucionalidade que queremos, tamanhos os riscos às harmonias e independência dos poderes, cuja autonomia encontra legitimação quando fundamentada na legalidade, observados os limites constitucionais.

A dinâmica de retrocesso e o abandono do *welfare state* desfazem avanços civilizatórios e tratam como obstáculo a constitucionalidade, o que nos autoriza a defesa de institutos da democracia liberal em face do fascismo ideado por Bolsonaro. Acredito merecer um desconto, dada a importância do que defendo, quando até o próprio Marx elogiou os avanços da formação social capitalista em relação ao atraso feudal que a antecedeu.

As ideias correlacionadas induzem à obviedade, o patamar mínimo civilizatório é a base do regramento jurídico internacional, como são exemplos os preceitos da Convenção Americana de Direitos Humanos, Pacto de San José da Costa Rica, 1969, ratificado pelo Brasil em 1992, vedando o retrocesso social. Exigir o respeito aos limites constitucionais é, apenas, o mínimo do que se deseja no enfrentamento ao neoliberalismo, sob o risco de as violações aos pactos sociais ganharem vida longa.

Tal proposta implica a acomodação no Estado Liberal? Em absoluto. A adoção dos limites legais tem o propósito de garantir a efetividade das autonomias judicial e legislativa, que têm sido utilizadas como um "cheque em branco", dos quais são exemplos: a criminalização da política e o oportunismo das maiorias transitórias do legislativo, haja vista o rápido desmonte das instituições em curso.

3 Como analisa a importância das eleições em outubro de 2022 para o futuro do Brasil?

Amargamos a fase da edição de legislações oportunistas servindo à destruição das nossas bem-sucedidas e conceituadas iniciativas. Os ataques, de forma idêntica à Justiça do Trabalho, são desferidos aos SUS, vacina, Bolsa Família, PETROBRAS e, no momento, urnas eletrônicas.

O Legislativo ratifica as medidas açodadas de privatização do patrimônio nacional – EMBRAER, PETROBRAS, ELETROBRAS; o Executivo dedica-se ao desmonte das entidades e programas fundamentais – Minha casa, minha vida, FUNAI, Universidades Públicas, institutos de pesquisa, ANCINE, FUNDEB; e o Ministério Público, conivente, arquiva denúncias relevantes envolvendo o chefe do Executivo.

A nefasta conjuntura brasileira sob *Guerra cultural e retórica do ódio*, título da obra em que João Cezar de Castro Rocha desnuda a natureza do ataque bolsonarista, beneficiado por uma técnica discursiva eficaz, na qual extremistas de direita escolhem alvos, selecionam bodes expiatórios, sugerindo, no limite, a eliminação física dos simpatizantes das ideias progressistas.[3]

Retornamos à política do desprezo por parte da elite aos direitos fundamentais. A concessão de espaço e armas aos sujeitos sem comedimento na defesa dos seus próprios interesses é anunciada com orgulho.

Acontecimentos não compreendidos em sua totalidade se considerados isoladamente, pois envolvem um tipo de fascismo, sem a forma original, mas igual no mito "inimputável", debilidade filosófica, pulsão de morte, desrespeito à religião do outro, contestação à ciência, recusa dos valores democráticos e violação legal.

O fato remete à frase de Norbet Walter-Borjans, presidente do Partido Social-Democrata da Alemanha, durante visita à sede do SPD em 12/03/2020: "A democracia não é uma questão dada. Ela exige que nós saibamos o tempo todo que ela está em perigo". Aliás, a exigência do cumprimento do regramento jurídico é fundamental e, não à toa, "Uma defesa das regras do jogo" consta do subtítulo do livro de Norberto Bobbio: *O futuro da democracia*.[4]

Repelimos a classificação de polarização entre as candidaturas mais cotadas à presidência do país em outubro próximo. A polarização deve ser considerada quando duas forças políticas antagônicas disputam no campo democrático, não entre quem cumpre a regra do jogo e quem, além de todo o desfiar de ilegalidade citados, por último, contesta e ameaça o processo eleitoral.

Conjuntura posta à luz dos diagnósticos, fio desta reflexão, as

3 João Cezar de Castro Rocha. *Guerra cultural e retórica do ódio*. (*Crônicas de um Brasil pós-político*). Goiânia: Editora Caminhos, 2021.

4 Norberto Bobbio. *O futuro da democracia*: *uma defesa das regras do jogo*. Rio de Janeiro: Editora Paz e Terra, 1997.

eleições de outubro, além de definidoras de um Projeto de Nação, transcendem plataformas eleitorais, caracterizando verdadeira escolha ética relacionada ao sentido de civilização e valores democráticos, liberdade, dever e historicidade em contraposição à barbárie.

A eleição é um exercício coletivo, perspectiva de organização para todos. Afinal, como ensina Umberto Eco, "Quando o outro entra em cena, nasce a ética".

Renato Janine Ribeiro

[Professor Titular de Ética e Filosofia Política na Universidade de São Paulo, foi diretor de Avaliação na CAPES (2004-8), Ministro da Educação do Brasil (2015) e atualmente é presidente da Sociedade Brasileira para o Progresso da Ciência. Entre seus livros estão *A sociedade contra o social* (2000, Prêmio Jabuti de Melhor Ensaio), *Duas ideias filosóficas e a pandemia* (2021), *Maquiavel, a democracia e o Brasil* (2022) e o romance histórico *A neve quente dos trópicos – O Brasil sem a Família Real* (2022).]

1 Em seu livro, *Duas ideias filosóficas e a pandemia,*[5] valores fundamentais – compaixão, piedade e solidariedade – aparecem como alternativas civilizatórias. Desse modo, a retórica do ódio e a máquina de desinformação do bolsonarismo podem ser superadas. Nesse contexto agônico, como resgatar uma ética do diálogo que permita reconstruir o Brasil?

É possível e necessário resgatar uma ética do diálogo que permita reconstruir o Brasil, mas vai ser difícil. Talvez seja melhor falar em *criar* essa ética do diálogo. Sou bastante cético em relação a qualquer evocação nostálgica, como aparece no uso do verbo *resgatar*. Nosso país não está afeito ao diálogo. Mesmo num período que hoje parece paradisíaco, em que dois partidos acima da média, civilizados, como PT e PSDB, disputaram por vinte anos a hegemonia política, sem nenhuma ameaça no plano federal de candidatos fascistas, o teor da discussão entre os dois era com frequência exacerbado; nenhum dos dois se dispunha a sair da zona de conforto que, para alguns, reside justamente numa surdez proposital e na recusa de examinar argumentos.

5 Renato Janine Ribeiro. *Duas ideias filosóficas e a pandemia*. São Paulo: Estação Liberdade, 2021.

Tal situação se agravou desde o impeachment/golpe de 2016, e mais ainda após a eleição de Bolsonaro, consequência talvez involuntária mas *a posteriori* necessária da contestação às urnas eletrônicas em 2014 e da subordinação ao extremismo de direita em 2015-16, duas ações do candidato derrotado à presidência em 2014, Aécio Neves. Então, a pergunta é: temos condições de construir uma ética do diálogo no Brasil? E, se eu parecer radical na minha descrição dos vinte anos felizes do País, 1994-2014, poderemos *build back better*, reconstruir melhorando (muito) nossas relações sociais?

O Brasil jamais ajustou contas com seu passado colonizado, escravagista e excludente. Eu dizia, quando estava no Ministério da Educação, que a bem da verdade não fracassamos em nossas tentativas de inclusão e de democracia, mas isso porque o projeto *bem-sucedido* de Brasil – um *case* a ser estudado – é o de uma sociedade excludente e tiranizada. Tentativas de superar esse quadro – como vemos nas ideias, ainda que moderadas, de José Bonifácio ao defender uma abolição gradual da escravatura, as ações de inclusão social promovidas por Getúlio Vargas como presidente eleito em 1950 e, mais tarde, as ações dos mandatos presidenciais do PT – foram alvo de intenso ódio e de destruição. O Patriarca da Independência, depois de deportado por Pedro I, acabou a vida em prisão domiciliar; Getúlio se suicidou, Dilma sofreu um impeachment sem base legal alguma. É de lembrar os versos de Cecília Meireles sobre Tiradentes, no *Romanceiro da Inconfidência*:

> Toda vez que um justo grita,
> um carrasco vem calar.
> Quem não presta fica vivo,
> quem é bom, mandam matar.

O problema é que a rigor nunca tivemos diálogo de verdade, como jamais houve democracia aqui, exceto de 1985 para cá (e um ensaio tímido entre 1946 e 1964). Nossa cultura política é pobre, com a tendência a atribuir todas as mazelas à corrupção e a culpar, por ela, a esquerda. A própria tese de que aqui o Estado precedeu a sociedade, que justifica toda sorte de privatização, vem junto com uma crítica ao Estado como se ele fosse produto da esquerda, quando essa, com muito exagero, nos terá governado no máximo uma dúzia de anos, num total de meio milênio de vida colonial e, depois, nacional.

Esse esboço de democracia foi liquidado em 2016, com a direita unida em torno de antidemocratas como Eduardo Cunha e, depois, Bolsonaro. Aliás, a rigor, o Brasil se dividiu em três: um, a centro-esquerda, que é basicamente o PT com Lula e alguns outros partidos e sensibilidades (não temos extrema esquerda, e nossa esquerda é pouca); outro, a direita fascista, hoje no poder, e entre os dois a direita não-fascista, que em 2018 se recusou a ser antifascista e que hoje, talvez, aceite sê-lo.

A direita não-fascista já não tem votos; perdeu-os depois que Aécio Neves a lançou no golpe de 2016 e que os decanos de seu partido, o PSDB, não quiseram ou não puderam deter essa insanidade. Disso resultou que, entre direita e extrema direita unidas no horror ao progressismo, muitos eleitores preferiram essa última, num caminho aparentemente sem volta, que mantém o bolsonarismo com perto de 30% dos votos e reduz a pó qualquer tentativa da chamada "terceira via".

Aqui está um grande problema. O bolsonarismo defende uma política econômica ultraliberal e é contrário aos direitos humanos. Já a direita não-fascista quer uma política econômica igual ou parecida, mas tem mais respeito pelos direitos humanos. E a centro-esquerda quer uma política social, à qual a economia deveria subordinar-se, e também os direitos humanos. Portanto, a direita não extremista tem valores em comum com os dois lados. Na hora H, qual deles ela apoiará? Tem cobrado autocrítica do PT na economia, mas por que nunca fez autocrítica de sua desistência da democracia? Porque o golpe de 2016 lembra o de 1964 na crença de que bastaria uma intervenção cirúrgica e breve para afastar os subversivos e corruptos, na primeira vez, os corruptos e comunistas, na segunda, e devolver o poder a seus donos tradicionais. Nos dois casos, os golpistas abriram a caixa de Pandora. Soltaram os demônios. Querendo "apenas" acabar com a esquerda, abriram a porta aos extremistas, aos apologistas da violência. Não é mera coincidência que em 1972 a ditadura só tenha pensado, como apogeu das comemorações do Sesquicentenário da Independência, em trazer os corpos do primeiro imperador e suas esposas, e hoje, qual uma tragédia que se repete como farsa, em emprestar de Portugal o coração de Pedro I para o bicentenário: duas cerimônias de morte. Em vez de cantarmos "muitos anos de vida", como no "Parabéns a você", versão brasileira, o que é natural cada vez que se celebra um aniversário, o que temos é uma espécie de celebração da morte: cadáveres, coração em formol.

De todo modo, hoje a prioridade é restabelecer a democracia, o que requer uma aliança que vá além da esquerda. A direita não-fascista precisa novamente aceitar as regras do jogo democrático, como fez quando, graças a Fernando Henrique Cardoso ganhou duas eleições presidenciais; tem que aceitá-las mesmo quando as perde. Isso não é fácil. Seu poder consiste no controle da economia, da mídia, de boa parte do imaginário social que jornais e canais regem. Votos, ela tem poucos. Os sufrágios que recebia foram para a extrema direita e será difícil que retornem.

As perspectivas não são risonhas. Mesmo que a aliança Lula-Alckmin triunfe em outubro de 2022, o reacionarismo emplacou um lugar talvez inarredável em nossa vida social e política. E, mesmo neste caso, nossa cultura política continua pobre, com dificuldade para conceber sequer o básico, como a eliminação da miséria e, como pede a Constituição, também da pobreza.

2 O governo Bolsonaro lança mão da guerra cultural para manter sua base de apoio mobilizada. No entanto, esse mesmo governo decretou guerra à cultura, especialmente às universidades e à pesquisa. Como reconstruir políticas sérias de apoio à cultura depois dessa autêntica arquitetura da destruição? Qual a importância da universidade, da pesquisa e da ciência nesse contexto?

Costumo dizer que a Sociedade Brasileira para o Progresso da Ciência, que atualmente me cabe presidir, opera com educação, ciência, saúde, meio ambiente, cultura, inclusão social – e que todos esses campos formam o que chamo um *círculo virtuoso*. Dele depende nosso progresso ou avanço social. Não por acaso, estes últimos anos foram todos alvejados pelos governos recentes, primeiro pelo teto de gastos, que limitou o aumento do orçamento de cada um deles ao reajuste inflacionário, segundo, por uma luta renhida e deliberada que procurou e procura eliminar todos eles.

O Brasil se vê hoje diante de uma crise sem precedentes em sua história. Não apenas foi desmontado o que de bom se construiu desde a Constituição, como também a dívida do País cresceu enormemente. Um próximo governo, se for decente, terá uma missão hercúlea diante de si – além de expectativas gigantescas de conserto do Brasil, a ponto de requerer recursos financeiros talvez inexistentes.

Será preciso, penso eu, antes de mais nada vencer a fome, que depois de derrotada há cerca de dez anos, regressou triunfal ao País. Estamos em situação bem pior que a de 2002, quando se iniciou o primeiro combate à fome como prioridade nacional – demorando uma década para sairmos do Mapa da Fome. Evidentemente, essa prioridade nacional pode ser vitaminada pelo círculo virtuoso que mencionei: por exemplo, caso se confirmem os ganhos científicos que apontam para o Brasil como possível produtor e mesmo exportador de trigo, que hoje importamos, a ciência ajudará a vencer a insegurança alimentar. Mas, se somarmos todas as carências, se enfrentarmos o atraso que já temos de séculos mais o adicional que foi produzido estes anos, e além deles a base popular adquirida pelas narrativas de ódio espalhadas no último decênio, veremos que o trabalho é enorme.

Nada disso, porém, justifica o desânimo. Vale para nós o mote de Joe Biden, quando se propôs a *build back better*, reconstruir melhorando, depois da destruição promovida nos EUA por Trump. Deveremos incluir em nossas prioridades, além das que foram trabalhadas entre 2003 e 2016, a questão ambiental. Isso significa que precisamos acabar com a destruição da Amazônia, enquanto ela não se tornar irreversível (o que está perigosamente perto de acontecer); proteger nossos outros biomas; garantir condições decentes de vida aos povos da floresta, que não são pagos pelo manejo e cuidado das terras onde estão; e, finalmente, entendendo que a floresta vale mais de pé do que abatida, estudá-la cientificamente. Tal estudo pode gerar medicamentos e outros produtos úteis para a vida, bem como evitar que surjam novas pandemias em consequência da exploração descuidada da floresta, a exemplo da covid-19.

Além disso, precisamos melhorar a educação, de ponta a ponta. A educação básica pública, hoje perto de se universalizar, precisa ter qualidade igual à privada. O ensino superior necessita ser avaliado, de modo que os cursos deste nível sejam realmente bons, quando muitos hoje não passam de caça-níqueis. A pós-graduação tem de nos assegurar a formação de pesquisadores, que agreguem valor tanto à produção econômica quanto às políticas sociais. Já a cultura deve ser compreendida como um espaço adequado à expressão criativa de nosso povo ou de nossas gentes, com estímulos à criação, à conservação e à difusão das artes e da literatura.

No caso específico das universidades públicas, que no Brasil são de modo geral as melhores, há dois imperativos. O primeiro: fazer com que elas tenham como finalidade o *bem público*, ou seja, evitar que a formação por elas proporcionada seja apropriada privadamente por alunos que, depois, lucrarão com o que receberam da sociedade, sem se preocuparem em restituir a ela nada. O segundo: defender a gratuidade, ao mesmo tempo que se cobra pela educação (em todos os níveis) não de seus usuários ou beneficiários, mas dos contribuintes, taxando mais quem dispõe de renda e/ou patrimônio mais elevados.

Esta tese significa também que devemos proceder a uma reforma tributária que permita ao Brasil realmente erradicar a pobreza e fazer com que a educação e saúde constituam, efetivamente, meios de mobilidade social afirmativa.

3 Como analisa a importância das eleições em outubro de 2022 para o futuro do Brasil?

As eleições de outubro serão decisivas para o País. O aspecto mais triste de nossa história recente é que, cada vez que se discutiu se a extrema direita promoveria um golpe de Estado, os fatores que dificultam a quebra da democracia são, todos eles, *independentes e externos a nossa vontade e ação.* Ou seja, não terá sido o povo brasileiro, mobilizado, que terá impedido o golpe – mas a repercussão internacional, antes de mais nada. Lemos e dizemos que os Estados Unidos e a União Europeia não deixarão, que nossos produtos não encontrarão mais compradores, e assim por diante. Nossa vontade e ação foram reduzidas ao voto.

Ora, não há democracia que se sustente apenas no sufrágio. Ou que se efetive uma vez cada tantos anos, quando os eleitores vão às urnas, dependendo no largo intervalo do que chamamos de "instituições". Se não houver um empenho real dos cidadãos em defenderem seus direitos e desejos, a terceirização da democracia não funcionará.

Acresce, como examinei em meu *Duas ideias filosóficas e a pandemia*, que, se o enfrentamento da Covid-19 dependeu da compaixão, emplacada como sentimento relevante por Rousseau, e da ciência, o melhor meio de fazer a solidariedade com os sofrentes se converter em ação, por outro lado se reergueu um certo sadismo, o avesso da compaixão. Muitas pessoas, que estiveram caladas enquanto avançavam os direitos humanos entre 1980 e 2010, hoje se sentem autorizadas e mesmo legitimadas a expressar ódio e rancor – e não apenas mediante palavras, também por ações. O assassinato do jornalista britânico Dom Philips, do sertanista Bruno Pereira e do policial municipal Marcelo Arruda são a face emersa de um iceberg cujo corpo quase inteiro é constituído de ódio, rancor, ressentimento.

Daí que hoje estejamos padecendo uma pandemia que parece não ter fim; 15% dos brasileiros não tomaram nenhuma vacina; morre por dia o equivalente de um Boeing, mesma quantidade que um ano e meio atrás; é verdade que a mortalidade recuou dos milhares para as centenas, mas também parece despontar uma nova pandemia, a da varíola dos macacos; e uma guerra acontece na Europa, não só matando e expulsando gente como, também, desviando grandes somas de dinheiro das necessidades sociais, como alimentação, saúde, educação e cultura, para armas letais. As políticas de morte são renitentes. Está sendo difícil superá-las e promover a vida, a ampliação de sua expectativa e, ainda, de sua qualidade.

Mas não há outro caminho senão este. Precisamos envidar todos os nossos esforços em defesa de um mundo melhor. Podemos nos inspirar no fato de que, nos últimos oito séculos, a sociedade caminhou sempre no rumo de mais direitos, mais respeito à lei, mais democracia. Houve grandes retrocessos, mas cada um deles foi sucedido por uma retomada do caminho. Esta não é, obviamente, uma garantia para o futuro, mas pode ser pelo menos uma inspiração para lutarmos por ele.

Ricardo Abramovay

[Professor titular da Cátedra Josué de Castro da Faculdade de Saúde Pública e professor sênior do Instituto de Energia e Ambiente da Universidade de São Paulo. Fez sua carreira acadêmica no Departamento de Economia da FEA, onde se tornou professor titular em 2001. É autor de *Infraestrutura para o desenvolvimento sustentável da Amazônia* (Elefante, 2022) e *Amazônia. Por uma economia do conhecimento da natureza* (Elefante, 2020). É coautor líder do capítulo sobre bioeconomia do Painel Científico sobre Amazônia.]

1 Em seu mais recente livro, *Infraestrutura sustentável para o desenvolvimento da Amazônia*, em lugar de apostar na imposição de projetos externos à região, a Amazônia é compreendida como potencialmente sendo sua própria infraestrutura. O que significará para o futuro da Amazônia a continuidade da política predatória do governo Bolsonaro?

Liberalismo miliciano é o que impera hoje na Amazônia.

O governo Bolsonaro vem cumprindo rigorosamente tudo o que anunciou durante a campanha eleitoral de 2019. A frase pode chocar aqueles que não perceberam a verdadeira natureza do propalado liberalismo que seria aplicado à gestão econômica. Mas tanto a sistemática apologia à tortura e ao autoritarismo, quanto o elogio explícito a grupos criminosos atuantes na oferta de bens e serviços de regiões periféricas do Rio de Janeiro mostravam em que consistia este liberalismo: sua essência está na ideia de que a vida social tem que ser comandada por poderes localizados, clientelistas, atuando à margem da lei e que disciplinam o uso dos diferentes territórios segundo seus interesses particulares e não a partir da obediência a orientações universalistas que deveriam envolver a regulação dos procedimentos econômicos e dos direitos humanos. O pressuposto básico da cultura miliciana é a aniquilação da esfera pública da vida social.

Faz parte deste arsenal não apenas a presença de grileiros e garimpeiros no Palácio do Planalto e o estímulo à exploração e exportação ilegais de madeira, mas igualmente a determinação de impedir o avanço de uma das mais importantes conquistas democráticas dos últimos trinta anos: o aumento da superfície das áreas protegidas da Amazônia, de 10% até 1988, a quase metade do território nos dias de hoje. Mas na visão não só de Jair Bolsonaro, mas igualmente de Hamilton Mourão e dos militares que lhes são próximos, a proteção destes territórios é, na verdade, uma ameaça à soberania brasileira.

Um dos traços mais notáveis do autoritarismo, como bem mostrou Theodor Adorno,[1] é o permanente empenho do chefe em sugerir às massas que ele conhece segredos que todos ignoram e, portanto, é o único a poder agir para combater seus efeitos nefastos. O General Villas-Boas, numa versão quase circense desta característica, em entrevista ao apresentador Bial na rede Globo, em 2017, revelava que o rei da Noruega fizera, em 2013, visita secreta a comunidades Ianomamis brasileiras.[2] A ficção da ameaça, incutida até hoje na formação dos militares brasileiros e amplamente difundida por diferentes segmentos de seu comando, é que potências estrangeiras têm interesse na exploração das riquezas contidas no deserto humano que é o inferno verde florestal, para impedir a afirmação da grandeza brasileira, que poderia vir do uso destes recursos. O delírio é complementado com a ideia de que organizações não governamentais atuando junto aos povos da floresta são a ponta de lança destes interesses estrangeiros.

Esta é uma das razões básicas pelas quais a campanha eleitoral de Jair Bolsonaro prometeu acabar com o ativismo no Brasil e anunciou não só interromper a demarcação de novos territórios protegidos (indígenas, quilombolas ou reservas extrativistas) na Amazônia, mas promover a revisão de áreas demarcadas. Além disso, a campanha

---

1 https://aterraeredonda.com.br/lideranca-democratica-e-manipulacao-de-massas/.

2 https://bncamazonas.com.br/ta_na_midia/rei-noruega-ianomamis-militares/.

denunciava uma suposta indústria da multa, sinalizando que os poderes locais teriam (como, de fato, tiveram) mais ascendência sobre diferentes territórios do que o Estado.

Os resultados destas políticas e destas mensagens foram imediatos. Já no segundo semestre de 2018, o desmatamento na Amazônia se intensificava e, como mostra o levantamento do IPAM,[1] a destruição florestal entre agosto de 2018 e julho de 2021, foi 56,6% superior ao desmatamento entre 2015 e 2018. A devastação vem aumentando a cada ano e atingiu em 2021, no Brasil inteiro, segundo levantamento do MapBiomas, 16.557 quilômetros quadrados, 20% a mais que em 2020. Unidades de Conservação e áreas indígenas, tiveram o maior aumento proporcional no desmatamento, em virtude da sinalização governamental de que os invasores poderiam ser anistiados e recompensados com a legalização de suas atividades criminosas.

O que os especialistas vêm chamando de "cupinização" dos órgãos de monitoramento territorial e de proteção das populações que vivem na floresta se exprime na drástica redução na quantidade de multas e em simulacros de operações repressivas como as comandadas pelo General Mourão, que custaram R$ 500 milhões aos cofres públicos, sem qualquer resultado. Pior: ao mesmo tempo em que os militares em torno de Bolsonaro e Mourão alegavam defender o país contra interesses estrangeiros, o crime tomou conta da região e ramificou-se pelo Brasil e outros países amazônicos, como mostra relatório do Instituto Igarapé.[2]

Em 1970, apenas 0,5% da Amazônia havia sido desmatada. Este montante atinge hoje cerca de 21%,[3] proporção próxima ao patamar a partir do qual a regeneração florestal se torna quase impossível. É uma área devastada correspondente à soma dos territórios da

1 https://ipam.org.br/desmatamento-na-amazonia-cresceu-566-sob-governo-bolsonaro/.

2 https://igarape.org.br/wp-content/uploads/2022/07/2022-07-AE-territorios-e-caminho-do-crime-ambiental-amazonia-brasileira.pdf.

3 https://www.americasquarterly.org/article/four-strategies-to-build-a-future-for-the-amazon/.

Itália e da Espanha. Perder a floresta é perder a mais importante infraestrutura de que dispõe o Brasil e que responde pela regulação climática, pela oferta de água, pela maior biodiversidade do planeta e por uma cultura material e espiritual da qual o País deveria orgulhar-se e que só para fanáticos fundamentalistas representa um resquício do passado, a ser suprimido por meio do apoio ao crime organizado.

2 Qual a contribuição possível da Amazônia para o desenvolvimento sustentável da economia e da sociedade no Brasil?

A inspiração que vem da Amazônia.

Eduardo Gudynas, sociólogo uruguaio, batizou de "extrativismo progressista" o paradoxo de que governos de esquerda na América Latina, na primeira década do milênio, tenham se dedicado a combater as desigualdades, mas sobre a base de uma estrutura econômica concentrada em produtos primários, de baixo valor agregado e, muito frequentemente, apoiados em métodos socioambientalmente destrutivos. No caso da Amazônia brasileira são inegáveis as conquistas ligadas ao avanço na demarcação de territórios indígenas e de reservas extrativistas e a redução de 80% no desmatamento que, entre 2004 e 2012 fez do Brasil o país que individualmente, ofereceu a mais importante contribuição, neste período, à luta contra a crise climática.

Mas este avanço democrático não foi suficiente para romper com a lógica predominante na ocupação do território da Amazônia, batizada por Bertha Becker de economia da destruição da natureza. Que se trate de energia, de mineração ou da esmagadora maioria das atividades agropecuárias, a Amazônia tem sido predominantemente encarada pelo Brasil como uma espécie de almoxarifado onde o País busca produtos e serviços a baixo custo.

Interromper a economia da destruição e gerar as condições para que emerja a economia do conhecimento da natureza é a mais importante contribuição da Amazônia para o desenvolvimento sustentável do Brasil, por duas razões básicas.

A primeira é, de certa forma, conjuntural. Zerar o desmatamento na Amazônia (mas também no Cerrado) é a premissa básica para que, sob um governo democrático, o Brasil volte a ser internacionalmente respeitado. O fim da destruição trará dois benefícios diplomáticos e geopolíticos essenciais. O primeiro é que para atingir este objetivo é necessário que o Brasil coopere com países fronteiriços da Amazônia no combate à criminalidade. Este combate não pode ser feito sob as modalidades que predominaram durante a fracassada guerra às drogas. Ele vai exigir inteligência policial qualificada em cada país, colaboração entre diferentes órgãos nacionais de segurança e, portanto, vai resultar num equilíbrio de forças bem diferente daquele em que os Estados Unidos forneciam treinamento, financiamento e equipamentos com finalidades repressivas de baixa eficiência e que não impediram a expansão das formas atuais de criminalidade. Combater esta expansão por meio do fortalecimento da cooperação regional em torno da defesa da floresta e dos povos que nela habitam (como aliás previsto pelo Pacto de Letícia, assinado pelo Brasil em 2019) é essencial para o desenvolvimento sustentável em todo o Continente.

A este benefício geopolítico regional soma-se o interesse global na manutenção dos serviços ecossistêmicos oferecidos pela Amazônia. Encontrar modalidades inteligentes e construtivas que auxiliem na preservação destes serviços é uma contribuição fundamental para o desenvolvimento sustentável. A Amazônia tem que se tornar uma escola, para o mundo todo, de elaboração de modalidades criativas de pagamentos por serviços ambientais.

Mas a segunda razão básica pela qual a sociobiodiversidade da floresta e de seus rios contribui para o desenvolvimento sustentável do Brasil refere-se a seus padrões de crescimento econômico.

Ao contrário de países asiáticos como China, Taiwan e mesmo o Vietnã, a América Latina, nos últimos quarenta anos, foi incapaz de diversificar suas estruturas produtivas perdendo competitividade e oportunidades em todos os segmentos, salvo nas atividades agropecuárias e no extrativismo. É verdade que, no caso do Brasil e da Argentina a agricultura de grãos e carnes teve crescimento muito expressivo, com base, em grande parte, em pesquisas científicas de qualidade, das quais a EMBRAPA é um exemplo importante.

Mas os padrões produtivos deste crescimento agropecuários estão hoje fortemente em questão. A agropecuária contemporânea é hoje o mais importante vetor de erosão da biodiversidade e um dos principais componentes das emissões de gases de efeito estufa.

Neste contexto, a economia do conhecimento da natureza oferece um caminho promissor para que o Brasil esteja na vanguarda da inovação científica e tecnológica no que se refere não só à proteção, mas, igualmente, a diferentes modalidades de uso sustentável das riquezas vindas da sociobiodiversidade. Alimentação humana diversificada, alimentação animal, fármacos, cosméticos, materiais de construção, plásticos, formas alternativas de fertilização e combate a pragas agrícolas, são funções para as quais a contribuição dos diferentes biomas brasileiros, a começar pela Amazônia, é ignorada e vem sendo eliminada antes mesmo de ser conhecida.

A convergência na inspiração socioambiental dos programas governamentais do Chile e da Colômbia abre caminho para que a economia do conhecimento da natureza impeça que o empenho da esquerda latino-americana na luta contra as desigualdades continue se apoiando na reprimarização de suas economias. A valorização, o conhecimento e o uso sustentável da sociobiodiversidade é a mais importante contribuição que a Amazônia pode dar ao desenvolvimento brasileiro.

3 Como analisa a importância das eleições em outubro de 2022 para o futuro do Brasil?

Desigualdades e reprimarização econômica: faces da mesma moeda.

A carta dirigida pelas Federações da Agricultura, do Comércio e da Indústria do Pará ao presidente da República, dois meses antes do primeiro turno das eleições, pedindo formalmente que o Brasil retire sua assinatura da Convenção 169 da Organização Internacional do Trabalho[4] é apenas uma entre muitas expressões de que derrotar o fanatismo fundamentalista é condição necessária, mas não suficiente para a emergência de uma vida cívica construtiva no País. Na mesma semana em que segmentos expressivos das elites econômicas paraenses não se envergonhavam em se manifestar contra a proteção das populações indígenas (ameaçadas como nunca por um vasto conjunto de atividades criminosas), o *Washington Post* publicava uma reportagem[5] mostrando o envolvimento do prefeito de São Félix do Xingu (o município campeão nacional na emissão de gases de efeito estufa, apesar de contar com população de apenas 132 mil pessoas das quais a maior parte é pobre) em grilagem de terras, corrupção e assassinatos.

São dois exemplos que mostram as profundas raízes político-culturais da extrema direita e a concepção, a visão de mundo a partir da qual ela preconiza o uso dos recursos à disposição dos atores econômicos. Mas estas raízes são brasileiras e não puramente amazônicas. Elas refletem dois traços estruturais interligados e cujo enfrentamento é o mais importante desafio da reconstrução democrática do Brasil.

O primeiro é que somos uma sociedade que, historicamente, como

4 https://deolhonosruralistas.com.br/2022/07/16/empresarios-da-amazonia-pedem-que-brasil-abandone-convencao-que-protege-povos-indigenas/.

5 https://www.washingtonpost.com/world/interactive/2022/brazil-amazon-deforestation-politicians/.

fruto de sua herança escravista, separou trabalho e conhecimento e que tem sido incapaz (mesmo com os inegáveis avanços na redução da pobreza, durante os governos progressistas) de fazer da educação, da qualificação profissional e da elevação da produtividade do trabalho o vetor decisivo de seu crescimento. Na OCDE, 42% dos jovens recebem formação profissional qualificada: no Brasil este total é de 5% e na Amazônia de 2%. Na Amazônia, com 42% dos jovens de 18 a 24 anos fora do mercado de trabalho, esta depreciação do trabalho é ainda mais grave que no restante do País: o bônus demográfico do qual dispõe a região (e que no Brasil foi perdido) está, igualmente, sendo desperdiçado, como mostram as informações do Projeto Amazônia 2030.

Mas a Amazônia é a expressão exagerada de um traço que não lhe é exclusivo. A depreciação do trabalho (correlativa à generalização do desrespeito aos direitos humanos) faz com as capacidades de milhões de pessoas, sobretudo os mais jovens, sejam sistematicamente subaproveitadas, o que cria um círculo vicioso de pobreza que vai exigir, do governo de reconstrução democrática, atuação prioritária. Isso passa, evidentemente, por políticas de transferência de renda e de relações de trabalho (com incremento à formalização e estímulo à organização sindical), mas, igualmente, por medidas que aprofundem e generalizem o que teve início com as cotas universitárias. A principal lição a ser tirada das inegáveis conquistas obtidas nas gestões dos governos de esquerda do início do milênio no Brasil, é que o crescimento econômico é um fator importante para o alívio da pobreza, mas não tem o condão, nem de longe, de enfrentar as desigualdades de destino que, até hoje, fecham o horizonte de uma vida digna a jovens de regiões periféricas, sobretudo às jovens negras e aos jovens negros.

Ao mesmo tempo, a ocupação predatória da Amazônia exprime a força de um segmento econômico específico (a agropecuária) que, na economia, na política, na cultura e até na música popular[6] procura

6 https://www.instagram.com/tv/CfUsRgzjOYI/?igshid=YmMyMTA2M2Y=

se legitimar socialmente como detentor exclusivo da capacidade de gerar riqueza. Ora, como mostra um importante estudo do Banco Mundial,[7] "apoiar-se em commodities primárias será insuficiente para impulsionar o crescimento futuro". É verdade que as exportações agropecuárias dos Estados Unidos são o dobro da brasileira. Mas lá elas contribuem com 7% de suas vendas externas contra uma participação de 35% nas exportações brasileiras. O crescimento econômico do Brasil, exige que se aumente a produtividade além dos setores primários, ou seja, nas regiões urbanas, nas atividades industriais e nos serviços.

E estes dois traços estruturais (desigualdades e reprimarização) juntam-se no paradoxo de uma agricultura que, por um lado, se apoia em ciência e tecnologia (produto, em grande parte do trabalho da EMBRAPA), mas que segue ocupando novas áreas, como se o crescimento do país como um todo fosse dependente de sua incessante expansão territorial.

Não é casual, então, que, como denuncia um importante dirigente do setor agropecuário,[8] parte tão importante do chamado "agro" não tenha assinado a carta em que 500 mil brasileiros (e muitos representantes do mundo financeiro e industrial) se comprometem com o respeito ao resultado das urnas. Enfrentar as desigualdades, fazer do aumento da produtividade do trabalho a mola propulsora do crescimento econômico e evitar que continue a reprimarização da economia são faces da mesma moeda, a moeda que junta inovação e democracia.

---

7 World Bank (2021) Na Economic Memorandum for Brazil's Amazônia. A Balancing Act. Documento ainda sob embargo.

8 https://www1.folha.uol.com.br/mercado/2022/07/agro-se-engana-ao-nao-assinar-carta-pela-democracia-diz-ex-presidente-da-sociedade-rural.shtml.

Thomás Zicman de Barros

[Pesquisador associado do Centro de Pesquisas Políticas (CEVIPOF) da Sciences Po Paris. Doutor em Ciência Política pela mesma instituição, estuda a articulação entre Teoria Política e Psicanálise para analisar experiências populistas e movimentos de protesto contemporâneos. Com Miguel Lago, é autor de *Do que falamos quando falamos de populismo* (Companhia das Letras, 2022).]

1 Em sua tese de doutorado, *The Real (in) Democracy: A Psychosocial Analysis of Populism in the Yellow Vests Movement*, o estudo de caso se referiu ao movimento dos coletes amarelos na França.[1] O modelo teórico desenvolvido em sua pesquisa ajuda a entender o atual cenário político brasileiro?

Minha pesquisa de doutorado estudou o movimento dos coletes amarelos (*Gilets jaunes*), que tomou ruas e estradas da França, entre o final de 2018 e o começo de 2019. Meu principal objetivo era refletir sobre o populismo e como movimentos populistas constroem identidades coletivas. Neste sentido, minha pesquisa nos ajuda a pensar o atual cenário político brasileiro. Hoje, no Brasil, há um líder populista – de tipo reacionário – chamado Jair Messias Bolsonaro. Defendo que, contra o populismo bolsonarista, é preciso um outro tipo de populismo. Um populismo que defenda e aprofunde a democracia liberal. Um outro populismo que, a meu ver, deveria ser encarnado por Lula.

Pode parecer estranho utilizar o termo "populismo" para se referir a coisas tão diferentes, como o movimento dos coletes amarelos, Bolsonaro e Lula. De fato, essa palavra é controversa. Ao mesmo

1 Thomás Zicman de Barros. *The Real (in) Democracy: A Psychosocial Analysis of Populism in the Yellow Vests Movement*. Institut d'Études Politiques de Paris, 2022.

tempo em que está na moda, ela é empregada indistintamente e sem o necessário rigor. Em geral, "populismo" é um rótulo pejorativo usado para atacar adversários, podendo assumir os mais diversos sentidos. "Populismo" aparece frequentemente como a nêmesis da democracia liberal. O termo é frequentemente usado como sinônimo de demagogia, autoritarismo, irracionalidade, extremismo, personalismo, irresponsabilidade, manipulação, mentira, maniqueísmo, etc. Diante desse emaranhado de significados, o esforço do teórico político é buscar desconstruir esse espantalho e pensar de forma mais complexa a relação entre populismo e democracia liberal.

Minha definição de populismo baseia-se em três dimensões. Primeiramente, o populismo é um discurso que se fundamenta na oposição entre o "povo" e as "elites". Mas isso não basta. O discurso populista precisa ter um aspecto esteticamente transgressivo. O populismo quebra protocolos e rompe com a forma "normal" de se fazer política. No caso de movimentos com líderes claramente identificados, o chefe populista é muitas vezes "malcomportado" – bruto, deselegante, bonachão, corporal, culturalmente "popular" e, por vezes, até grosseiro. Mas essa transgressão estética também pode ser de outra ordem, não necessariamente ligada à performance de um líder. Há populismo sem líderes claros, e o populismo pode ser esteticamente transgressivo por colocar setores invisíveis em cena, ao falar em nome do "povo" e dar voz, na esfera pública, àqueles que não podiam aparecer – grupos subalternizados, como negros, indígenas, mulheres, pessoas de gênero não-binário, entre outros. A terceira dimensão da definição de populismo reconhece que, ao construir o "povo" como sujeito político, o populismo constitui-se como força capaz de transformar instituições.

Por ser ampla, essa definição nos permite entender que não podemos falar de populismo no singular. Existem populismos, no plural. O próprio movimento dos coletes amarelos demonstra que, ao redor da ideia de "povo", podem ser construídas diferentes formas de identificação. Tal como ocorreu nas manifestações de junho de 2013 no Brasil, o movimento francês reunia – muitas vezes com atrito – manifestantes dos mais diversos pontos do espectro ideológico.

No movimento dos coletes amarelos na França, havia manifestantes que se identificavam com um populismo de tipo reacionário, que fala em nome do "povo", para incorporar o que Hannah Arendt chamou de ralé. Sem poder ser confundida com os pobres, a ralé costuma estar marginalizada no debate público, se reproduzindo pela sombra. Ao contrário dos grupos subalternizados, a entrada da ralé na esfera pública não emancipa ninguém. Em nome do "povo", a ralé vocaliza discursos fascistizantes, que buscam reforçar estruturas de dominação. O populismo de tipo reacionário – populismo da ralé – está na raiz do bolsonarismo. É o populismo do pânico moral, do racismo, do machismo, da homofobia. É o populismo dos que se sentem ameaçados pelas transformações trazidas pela modernidade – dos que querem um líder forte que reestabeleça a ordem, se preciso, com uso de tanques e de milícias. O "povo" a que a ralé se refere é ressentido, rancoroso e excludente, se fecha a tudo o que é diferente e vê os adversários como inimigos a serem eliminados.

No movimento dos coletes amarelos, existia também outra forma de populismo, um populismo emancipador. Entre os manifestantes, havia quem falasse em nome do "povo" para pensar em um país radicalmente diferente e mais inclusivo. O populismo emancipador não busca reafirmar as formas de dominação hegemônicas, mas colocá-las em xeque, buscando incluir mais gente. Vale ressaltar que, ao contrário do que ocorre no populismo reacionário, o populismo emancipador não coloca em questão a democracia liberal. Ele tensiona os pontos cegos da democracia liberal, em nome da própria democracia liberal. Busca radicalizar a democracia liberal, indicando os pontos em que suas promessas ainda não foram cumpridas.

Entendo que é esse tipo de populismo emancipador que Lula deveria encarnar. Mais do que ninguém, Lula consegue construir um vínculo carismático com o "povo". Em seus dois governos, ele adotou importantes e inovadoras políticas de inclusão de grupos marginalizados. É preciso ir além. Lula frequentemente opõe o "povo" às "elites", aos "poderosos", mas é acima de tudo uma figura conciliadora. A conciliação é muito bem-vinda se puder ser traduzida em avanços. E isso só ocorrerá se houver um movimento populista que, inclusive transcendendo a liderança de Lula, reúna movimentos sociais em torno de uma referência ao "povo" que engaje os cidadãos numa promessa de inclusão e de profunda transformação social. Um populismo que permita ousar pensar em um país diferente. Apenas assim que os vínculos afetivos que sustentam o bolsonarismo encontrarão adversário à altura.

2 Em alguma medida, as grandes manifestações de 2013 seguem desafiando as tentativas de interpretação. Sua abordagem psicanalítica do populismo ajuda a iluminar o fenômeno? É possível identificar repercussões da Esfinge de Junho na ascensão da extrema direita no Brasil?

Abordar populismo e psicanálise ajuda a entender o que ocorreu no Brasil entre junho de 2013 e a ascensão do bolsonarismo, pois permite a entender a função dos afetos, fantasias e desejos na esfera política. No discurso antipopulista corrente, o populismo é frequentemente associado à desrazão, ao apelo emocional, como se isso fosse um problema. No esforço de desconstruir as visões pejorativas do populismo, se percebe que a oposição entre razão e emoção não se sustenta. Além de servir para calar setores subalternizados – mulheres, negros, indígenas e jovens são muitas vezes taxados como histéricos, selvagens, irracionais –, essa oposição ignora que todo discurso envolve afetos, fantasias e desejos. E que a força de um discurso depende dos afetos que ele mobiliza.

Como no caso dos coletes amarelos na França, muitos têm dificuldade para interpretar as manifestações de junho de 2013 no

Brasil, precisamente por seu caráter ambíguo. Os protestos de 2013 não começaram dominados pela direita radical. Ao contrário, em seu início, traziam a promessa de aprofundamento da democracia liberal. Para se entender como essa promessa foi perdida em favor da ascensão de um populismo reacionário, é preciso estudar quais afetos, fantasias e desejos dominaram o debate público no Brasil.

Três momentos levam-nos de junho de 2013 à ascensão do bolsonarismo. Em um primeiro momento, aproveitando-se da desconexão de parte da militância petista com as ruas e da falta de liderança dos grupos que iniciaram as manifestações, a grande imprensa conseguiu impor sua leitura sobre os protestos. Se, a princípio, junho de 2013 pode parecer um movimento horizontal, sem líderes claros e organizado pelas redes sociais digitais, pesquisadores como Nina Santos têm mostrado como a imprensa tradicional conseguiu pautar grande parte do discurso sobre as manifestações. Em 2013, os grandes veículos de imprensa voltaram a mobilizar um discurso contra lideranças que ameaçam a ordem, fortemente utilizado ao longo da história: o moralismo anticorrupção, baseado em afetos como ressentimento e rancor. Comum no populismo reacionário, este moralismo lança mão de forte apelo à construção de fantasias que apresentam a disputa entre um "povo" puro e uma casta de políticos corrompidos e parasitas, que goza às custas do suor de quem trabalha.

O segundo momento de ascensão do populismo reacionário no Brasil ocorre com a consolidação do moralismo anticorrupção, notadamente com a conversão do até então desconhecido juiz Sergio Moro em herói nacional. Conduzindo um processo eivado de irregularidades, Moro foi peça central para retirar Lula da disputa eleitoral e, sobretudo, para manchar a imagem do líder petista. O objetivo era desfazer a conexão de Lula com as massas, o vínculo afetivo construído por seu carisma.

O surgimento de Bolsonaro como força política e eleitoral é o terceiro momento da ascensão do populismo reacionário no Brasil –

que assume o nome de bolsonarismo. Bolsonaro converte o moralismo anticorrupção em pânico moral. Ele potencializa o ressentimento e o rancor, combinando-os com o medo e o ódio contra todos os grupos subalternizados. Bolsonaro também joga com as tensões entre reafirmar a ordem e permitir sua transgressão. Por um lado, a ralé bolsonarista encanta-se com a promessa de retorno da ordem, das velhas hierarquias, das certezas da religião e da tradição. Por outro lado, o apelo do discurso bolsonarista a uma ideia de "liberdade" vincula fantasias de que tudo é permitido. Bolsonaro busca tirar a ralé da impotência. As transgressões de Bolsonaro – o fato de ser grosseiro, de dizer que precisamos deixar de ser um "país de maricas" e parar com a "frescura" e o "mimimi" – constroem uma fantasia do triunfo da vontade de um homem branco viril, que faz o que quiser, como quiser, no momento em que quiser.

Se a força do bolsonarismo vem dos vínculos afetivos que ele evoca, para lhe fazer frente é preciso mobilizar afetos. O carisma de Lula é uma peça importante nesse processo. Os afetos, fantasias e desejos mobilizados por Lula não são do mesmo tipo dos de Bolsonaro. O discurso de Lula opõe o "povo" às "elites", mas nunca construiu bodes expiatórios. Nunca pressupôs um "povo" puro, com uma identidade fechada. O populismo que radicaliza a democracia liberal fala em nome do "povo", mas constantemente coloca em questão a identidade desse "povo" para incluir mais gente. Ele se abre e acolhe o diferente. É preciso aprofundar essa dinâmica e construir um populismo emancipador que reate com as promessas perdidas de junho de 2013, que coloque as hierarquias sociais em xeque e que permita vislumbrar novos futuros, novos começos, ousando imaginar um país diferente.

3 Como analisa a importância das eleições em outubro de 2022 para o futuro do Brasil?

As eleições de 2022 são as mais importantes desde a redemocratização. Está em disputa o próprio legado da redemocratização – se o país seguirá a trilha inaugurada pela Constituição de 1988 ou se preferirá um projeto que a renega. A eleição de Bolsonaro inaugurou uma série de ataques à democracia liberal e sua reeleição seria ainda mais destrutiva.

Contudo, é problemático se colocar toda a ênfase no próximo processo eleitoral. Eleições são momentos-chave em que muito se decide, mas a simples derrota eleitoral de Bolsonaro não resolveria os problemas do país. Na melhor das hipóteses, tratar-se-ia de um necessário mas ainda modesto primeiro passo. O bolsonarismo não é apenas um fenômeno eleitoral. Em certa medida, Bolsonaro já não se importa com as eleições – seu flerte com ideias de golpe e sua tentativa de deslegitimar as urnas mostram que vencer não é sua prioridade. Bolsonaro busca construir um movimento que se enraíze na sociedade. Isso significa que, para além das urnas, há muitos desafios a serem enfrentados para que se supere não apenas a figura de Bolsonaro, mas o bolsonarismo enquanto força política. Nesse sentido, o populismo emancipador não pode ser uma mera estratégia para vencer nas urnas, mas deve se constituir como força de transformação, que enfrente os profundos problemas da sociedade brasileira.

Não se pode achar que a derrota de Bolsonaro levará o Brasil de volta a uma normalidade democrática liberal. O bolsonarismo não é apenas um breve parênteses da nossa história, que se poderia conter e renegar, extirpando o mal e voltando ao normal. O populismo bolsonarista é sintoma dos traumas recalcados da sociedade brasileira. O bolsonarismo é sintoma de uma sociedade que nunca soube lidar com seu passado colonial, escravista e ditatorial, e que, mesmo após a redemocratização, segue lhe assombrando. A ideia de que um cordão sanitário contra Bolsonaro seria suficiente para resolver a vida política brasileira é narcisista. Externaliza no clã Bolsonaro e em seus seguidores tudo o que há de ruim na sociedade brasileira, de forma a preservar o arranjo institucional do país, como se ele fosse impecável. Não percebe que o mal que se busca extirpar é, na verdade, produto das falhas e dos pontos cegos da democracia liberal do Brasil.

Muito se fala sobre como o populismo reacionário ameaça as instituições da democracia liberal. Como dito acima, o populismo emancipador que Lula deveria encarnar não ataca a democracia liberal. Ele é o instrumento por meio do qual os setores subalternos e invisíveis podem se fazer ouvir e reivindicar seu lugar na democracia liberal. Para isso, é preciso transformar muitas instituições, aqui entendidas de modo amplo, como regras escritas e não-escritas de vida social. O populismo emancipador que Lula deveria defender a Constituição de 1988 e seu legado, reconhecendo contudo que há milhões de brasileiros a quem as promessas da democracia liberal ainda não chegaram. O mérito desse populismo é saber que defender a Constituição de 1988 é precisamente defender seu aprofundamento. É defender transformações institucionais que expandam e ampliem os direitos a todos.

Não basta ficar na defensiva. Defender a democracia liberal é o mínimo, mas ainda é muito pouco. É preciso trabalhar ativamente para seu aprofundamento e ousar pensar um país diferente. Em nome do "povo", é preciso agir para que toda forma de discriminação seja questionada.

Tiganá Santana

[Compositor, cantor, poeta, tradutor e pesquisador; é, também, professor da Universidade Federal da Bahia, no Instituto de Humanidades, Artes e Ciências Prof. Milton Santos (IHAC) e no Centro de Estudos Afro-Orientais (CEAO). Graduou-se em Filosofia pela mesma universidade e doutorou-se em Letras pela Universidade de São Paulo, onde é também professor, no Instituto de Estudos Brasileiros (IEB). Com reconhecimento internacional, Tiganá Santana foi o primeiro compositor, no Brasil, a apresentar, como compositor e intérprete, um álbum com canções em línguas africanas. Possui vários trabalhos artísticos e textos publicados, bem como uma reconhecida pesquisa, no Brasil, em torno de pensares bantu-africanos.]

1 Em seu trabalho, como músico e pensador,[2] as culturas africanas estão presentes tanto no ritmo quanto na filosofia. Como essas referências podem colaborar para a superação da retórica do ódio? O caráter dialógico das cosmovisões africanas oferece uma alternativa para a reconstrução do Brasil?

Simultaneamente, como expansão e atomização, tenho aprendido, ao longo dos anos, com alguns pensares de matrizes africanas a que pude ter acesso, acerca de perspectivas em torno do que se tem chamado (de modo bastante corrente no Brasil, a propósito) de comunidade. Nesse sentido, entre os bakongo, macua, yoruba, fon, dogon, ambundu, vários povos mande e entre muitos mais, a comunidade, na sua dimensão mosaicizada, começa por não se restringir a uma ideia de humano/humanidade, em nome da qual outros entes e modos de ser são meros acessórios ontológicos ou, se muito, objetos/recursos de interesse a partir de uma funcionalidade a esvaziar o que não esteja no raio de centralidade do antrópico. Nessas Áfricas (e há tantas!) – considerando-se os seus encontros com outros mundos neste mundo –, comunidade inclui pessoas, mas não nasce

2 Tiganá Santana Neves Santos. *A cosmologia africana dos Bantu-Kongo por Bunseki Fu-Kiau: tradução negra, reflexões e diálogos a partir do Brasil.* Tese de Doutorado. Faculdade de Filosofia Letras e Ciências Humanas. Universidade de São Paulo, 2019.

exclusivamente por seu intermédio. Uma parte desse acontecimento-comunidade é cultivo-invenção e outra parte é recepção horizontal do mundo – para lembrar um aspecto cosmológico caro aos bakongo –, o que desenha uma relação originária. Essa complexa dinâmica de relações, portanto, forma comunidades, as quais, a meu juízo, não se encerram numa categórica acepção de clã, conforme certas abordagens etnográficas, ao longo dos tempos, têm defendido. Rios, árvores, as diversas gentes e palavras, estrelas, minerais e mortes apresentam aberturas interpretativas, cuja hermenêutica não se confina somente numa sorte de cultivo de existência, isto é, sabe-se que terra e sol passam por culturas distintas – distantes até –, contudo continuam a fazer parte de uma específica comunidade que os lê. É como se a especificidade de uma comunidade só se completasse no que não lhe pediu anuência para existir. Uma explosão geradora do universo (e outras narrativas cosmogônicas) pode participar de comunidades, tanto quanto pessoas que morreram, montanhas, crianças com e sem vínculo sanguíneo, instituições, temporalidades e territórios.

Daqui do Brasil, que se pense, a partir de tais referências (nas quais não me aprofundo aqui por limitações de espaço), na possibilidade de incorporação dessa comunidade-entre-comunidades, enquanto agência atualizada para o restabelecimento de relações entre o diverso posto na ação mesma de existir. Não se trata do humanismo, irmão consanguíneo, nascido do mesmo Euro-Ocidente pré-moderno, das brutalidades mais abjetas: eis o humanismo que elege quem é o humano em questão (seu fenótipo, sua raça, seu gênero, suas línguas e epistemologias oficiais). Trata-se da real assunção de que viver, na sua complexidade, é um feixe de gestos coletivos, materializando-se (se assim se quiser) em individualidades autônomas em interação. O comunitário não oblitera a singularidade e cada um desses vetores parece manifestar-se igualmente um no outro, não sendo tão simples asseverar que haja uma precedência de um em relação ao outro. A intolerância ao que não é o "eu-mesmo" (em que o "eu-mesmo" pode ser grupal) apresenta-se como intolerância à experiência vital, à floresta, ao sonho, às traduções e poéticas do encantamento, à tarde transmutada, aos efeitos das cores nas plumagens volantes e nos sons de água enunciados pelas bocas de mar e serpente. Nas comunidades às quais me reporto (evidentemente, de maneira panorâmica e célere), há fricções, desarmonia, exaspero, contraposição e falta. Mas não identifico qualquer rastro ou ato de subtração do ser do que se diferencia. Ontologia, nesse caso, é variação no que vive; não é substrato estático e vigilante do que não é. Há uma sentença em linguagem proverbial kongo que diz: *Nsi mfinda*, ou seja, "nações são florestas". O fato inegável é que há, desde o maldito nascimento do que se veio a tramar como Brasil, um desastre – um "mau astro" – oficial encarnado na monocultura, cuja capilaridade vai ao fundo das coisas.

2 Muito antes da barbárie neoliberal, o Brasil formou-se por meio da escravidão das populações de origem africana e posteriormente da exclusão das populações afro-brasileiras. Em que medida, mais do que "reconstruir", não precisamos "refundar" o país? Nesse caso, quais seriam as contribuições da cultura afro-brasileira e da filosofia africana para o projeto utópico da Nação-Brasil?

O Brasil, conforme configurado à custa do extermínio de povos e cosmologias assentes neste território há muito tempo, bem como sob a brutal escravização de pessoas negras (com as suas respectivas cosmologias), sempre foi hostil, violento e excludente, no que concerne ao seu grande corpo constitutivo. É este um dos péssimos lugares para não ser homem branco cristão e cis-heteronormativo. Nem mesmo concebo pensar na refundação de um lugar de fundamentos já perversos – é como se pensar no humano sem a trágica condenação deste à imagem e semelhança de quem o inventou sob essa ideia.

O Brasil, que, no nome, carrega uma insígnia de extrativismo predatório, é exatamente o problema. Talvez possamos considerar uma ética alargada que cruza práticas de diferentes referências, na qual o que faça morada na vida possa existir a partir do incontornável paradigma de deixar existir, sem hierarquizações, o que se distingue em qualquer instância. No entanto, confesso aqui a minha descrença em relação a tal entorse que me soaria assaz positiva. As sobreposições pululam, como se sabe. O sujeito que assumiu a liderança do Poder Executivo do Brasil, em janeiro de 2019, é uma síntese do que se escancara nas ideologias conservadoras, mas também do que é sombrio entre os setores progressistas. A democracia pela qual se luta e que está ameaçada (nunca habitou propriamente longe dessa ameaça), no Brasil institucional, é ainda seletiva, como já o era na Grécia Antiga. As posturas, institutos e engenharias coloniais racistas e sexistas talvez exibam uma de suas faces mais aterradoras quando reconhecidos nas suas similitudes com sistemas fascistas, mas que não seja esquecido que se trata de um *modus operandi* muito mais antigo e da ordem do dia nos *loci* que também se perfilaram pela colonialidade. Aimé Césaire, ao dizer que colonialismo, nazismo e racismo são o mesmo, já nos alertara quanto ao fato de Hitler não ser uma exceção nas práticas euro-ocidentais, mas regra bem acomodada. É preciso que as pessoas privilegiadas, dentro da forma como as diversas sociedades com tal presença colonial se estruturam, assumam isso, de fato. E é lacerativo fazê-lo, se a proposição, a partir da própria ocupação do mundo, é genuína. Como sói acontecer, somente quando brancos e corpos de aniquilação "não prevista" sucumbem, sofrem por um conjunto de ações, sobretudo, oficiais, é que se percebe que a democracia está ameaçada e um sistema de governo mostra-se monstruoso. O que ocorre diuturnamente nas favelas e periferias, as relações com as trabalhadoras domésticas, a desconsideração em relação aos saberes não brancos, as grossas camadas de exclusão, os extermínios sistemáticos de corpos dissidentes do standard estabelecido, tudo isso confirma uma democracia não acontecida, e é por esse acontecimento nunca dado que é justo lutar. Parece que somente o Holocausto, no século XX, chocou o mundo nas maiores proporções. Parece que a esmagadora maioria das pessoas que têm horror ao ditatorial regime empresarial-militar do Brasil (1964-1985), em geral, não faz alusão ao fato de que, principalmente, após o AI-5, houve o massacre de milhares de indígenas e, inclusive, o quase extermínio dos Waimiri Atroari, por exemplo. Parece que a desdita do genocídio do rei Leopoldo II, da Bélgica, contra cerca de 10 milhões de congoleses não comove o mundo (sobretudo, o ocidental). Parece que o massacre promovido pelos alemães aos hereros e namas, na Namíbia, no início do século XX, não está nas várias memórias externas à Namíbia e ao continente africano.

Que tenhamos, a esta altura, mais escuta à Revolução Haitiana do que à Revolução Francesa, já que a primeira diz respeito a uma libertação forçosamente integral, diferentemente da segunda, assim como feminismos negros são mais emancipadores. É preciso levar a esquerda à esquerda, como afirma Sueli Carneiro. A ideia de que as desigualdades precedem (ou ultrapassam) os racismos e sexismos, por exemplo, não abarca o fato de estas não serem uma manifestação amorfa: racismos e sexismos realizam as desigualdades.

Com os Candomblés, Congados, Sambas, Jongos, Umbandas, Maracatus, Quilombos e Capoeiragens, a sustentação de uma ética profunda entre alteridades, inclusive ontológicas, em meio aos ziguezagues do diverso, erigindo confluências importantes, reverenciando as aberturas, poetizando ao redor do que se conhece e do que não se conhece é um ensinamento potente. O encantamento diante de uma correnteza de rio ou de uma flor – a identificação efetiva de suas autonomias – em diálogo com o que canta-dança pode ser um tipo de conexão que não permite que a experiência vital resseque. Tal conexão não se dá fora do corpo, o que confere carnalidade à experiência vital; confere-lhe, igualmente, ritmo, estética, filosofia caminhante (não mandatoriamente aquela dos peripatéticos), elástica às quebras, conciliando constâncias e variações. É pensar em tambores que expõem a estruturante conversa entre pausa, movimento, estabilidade e a imprescindível desestabilização. É admitir, de acordo com os bakongo, mais uma vez, que cada ente é um sol (ntangu) que aí está para acender/ativar (kala) outros sóis e renascer ao deparar-se com cada luminescência que não habita originalmente o seu próprio corpo.

3 Como analisa a importância das eleições em outubro de 2022 para o futuro do Brasil?

As eleições no ano da efeméride dos 200 anos de "Independência do Brasil" – o que quer que isso seja e ao que quer que isso diga respeito –, sob um governo fascista, marcam a premência de uma autoanálise de vários segmentos da sociedade brasileira em torno da sua contribuição para essa fratura exposta na liderança política do país, ou, além disso, para essa fratura exposta que é o sistema político nacional como um todo. Honesta e infelizmente, Bolsonaro não é um alienígena que aterrissou no Brasil, mas uma criação formada no/pelo país. As eleições são um evento episódico; relevante, claro, mas pontual. Preocupa-me o que se fará diante desse convite a mudanças radicais de comportamento – ou o seu revés implicará consentimento à barbárie. Sem dúvida, votarei no Lula, mas não acredito que seja apenas nesse evento que assista consistentemente um/o melhor futuro para o Brasil, a não ser que se inicie, conjunturalmente, outro tipo de política, algo cuja exequibilidade não consigo vislumbrar. Contudo, após esse trajeto histórico que nos molda hoje, parece que nunca, desde a entrada da Nova República, esse convite à mudança de paradigma foi tão estrito, urgente e real – por tudo o que se mostrou, questionou, manifestou, destruiu, combateu, morreu, nasceu e fabulou até agora.

pólen soft 80 g/m²
tipologia minion pro
impresso no inverno de 2022